Bildquelle: Mirko Boksic

ISBN 9 78 38 37 01 28 11

Herstellung und Verlag: Books on Demand
GmbH, Norderstedt

SINA
„Zauberengel"

von
Brigitte Wenzel

Sina war eine Geschichte, die seit geraumer Zeit in meinem Kopf herum geisterte und unbedingt heraus wollte. Egal wann es war, ob beim Autofahren, Joggen oder sonst einer Gelegenheit, schweiften meine Gedanken zu Sina.

Oft werde ich gefragt: Wie kommt ein Mensch dazu freiwillig zu schreiben? Für mich ist es wundervoll in eine andere Welt abzutauchen und Geschichten zu schreiben, die fern ab von meinem eigenen Leben spielen.

An dieser Stelle möchte ich mich bei allen bedanken, die mich während meiner Schreibphase unterstützt haben. Danke für die Anregungen, die Anmerkungen und auch für die Kritik.

Ganz lieben Dank an Mirko Boksic, der mir das wunderschöne Titelbild zur Verfügung gestellt hat.

Sollte jemand einen Schreibfehler finden, darf er ihn behalten.

Ich wünsche nun allen meinen Lesern viel Spaß beim Erleben von „Sinas Welt".

Einmal im Leben ein Engel sein. Über der Erde schweben. In fremde Leute Häuser schauen. Einen völlig neuen Blickwinkel des Lebens entdecken. Das waren meine Gedanken die mich durch den trüben Tag trugen........

Der schrille Klingelton meines völlig veralteten Telefonapparates holte mich alsgleich in die Gegenwart zurück. Hier waren sie wieder, die Probleme des Alltags, die von mir Besitz ergriffen. Die mir meinen Tagesablauf bestimmten und denen ich mich Tag ein Tag aus beugte. Ich gehörte zum Arbeitervolk. Zu der Gattung Mensch, die man unentwegt um Gefallen bat, weil man sicher sein konnte, dass nie eine Ablehnung zu erwarten war. Titel wie bester Kummerkasten der Welt oder die Perle des Unternehmens waren schmückendes Beiwerk meiner selbst. Nur ich war inzwischen fast 36 Jahre alt, Single, Workaholic und unglücklich. Ich wollte auch mal eine Beziehungskrise haben, mich um meinen Job sorgen, ungezogene Kinder tadeln oder meinen Friseur verklagen. Aber nein, ich stand jeden Morgen um dieselbe Zeit auf. Machte mein Frühstück, fuhr mit der S-Bahn ins Büro, um dort meinen Kollegen das Leben so angenehm wie möglich zu machen. Nach Feierabend war ich der beliebteste Babysitter der ganzen Nachbarschaft. Ich spürte den sehnlichsten Wunsch nach einer Veränderung meines

Lebens in mir aufkeimen. Das konnte doch noch nicht alles gewesen sein. Morgen, ja ganz sicher morgen wollte ich anfangen, mein Leben auf den Kopf zu stellen. Mit diesem Gedanken und einem zufriedenen Lächeln ging ich zu Bett.

Um meinem getroffenen Vorsatz für die Zukunft eine wertige Ernstigkeit zu verleihen, stellte ich meinen Wecker eine halbe Stunde früher. Als wenn ich einen Vitamincocktail zu mir genommen hätte, stand ich fit und voller Freude in meinem doch schon sehr veralteten Badezimmer. Hier wollte ich mit der Veränderung beginnen. Neue Badematten sollten her und passende Handtücher. Einen neuen Spiegelschrank könnte ich mir auch leisten. „Guten Morgen Sina Taler", begrüßte ich mein Spiegelbild. Das mir hier entgegen blickende mausgraue Gesicht, umrandet von strohähnlichem Gestrüpp, stockte meinen frisch gewonnenen Elan in nicht unbedeutender Weise. Ok, ich war gewöhnlich. Aber gut gewöhnlich. Ich sollte mein zu Hause renovieren und dann mich. Vielleicht eine neue Frisur? Ein paar Sonnenstrahlen unterm Solarium würden meinem Teint nicht schaden. Diese Gedanken waren die Allianz dafür, dass ich vorhatte Berge zu versetzen. Aber zu lange verlief mein Leben ohne Leben. Ohne Aufregung. Alles war wie es war praktisch und funktionell. Nie gönnte ich mir etwas – das sollte sich nun ändern.

Da es sich bei dem Morgen den ich „ab Morgen wird alles anders" nannte, um einen Arbeitstagmorgen handelte, musste ich mein Vorhaben um weitere drei Morgenden verschieben. Dann kam er, der arbeitsfreie Samstagmorgen. Ich sprang aus meinem Bett, direkt unter die Dusche. Eine bequeme Jeans und ein Pullover in XXL waren die Garderobe für mein Vorhaben. Wild entschlossen fuhr ich in das nächst gelegene Möbelgeschäft. Ich orderte ein rotes Sofa, welches mir am selbigen Tag noch nach Hause geliefert wurde. Viele – sehr viele Kissen in modernen Farben, einen Badvorleger und dazu passende Handtücher, Küchenaccessoires und neue Vorhänge konnte ich laut Kassenbeleg ab sofort mein Eigen nennen. Am Ende meines Kaufmarathons war ich fix und fertig und mein Konto blitze blank leergefegt. Zu Hause angekommen, überfiel mich eine Art Putzwahn und danach ordnete ich meine neuen Gegenstände an seine Plätze. Es war unbeschreiblich dieses Gefühl. Müdigkeit, Glück und ein Hauch von Vorfreude auf ein neues Leben hatten sich vermischt. Mir wurde mit einem mal klar, dass ich viel zu lange mit dieser Aktion gewartet hatte. Das Leben schien mir plötzlich viel zu wertvoll, als es unnötig mit alt eingesessenen Gewohnheiten zu erdulden.

Leider war der nächste Tag ein Sonntag und die Geschäfte öffneten nicht extra wegen Sina Taler und ihrer neu gewonnenen Lebenseinstellung. Vermutlich war das der einzige Schutz, der mich vor dem finanziellen Ruin bewahrte. Den ganzen Sonntag genoss ich meine jetzt fast neue Wohnung.

Optisch hatte ich mich aber noch nicht verändert. Dennoch bemerkten meine Kollegen etwas Neues an mir. War es mein inneres Lächeln, das sie sahen? Ich entschied mich dafür, das persönliche Aufpeppen meines Äußeren langsam anzugehen. Mit dem nächsten Gehalt würde ich mir erst einmal modernere Kleidung zulegen. Eventuell war auch noch ein Friseurbesuch drin. Mal sehen.

Was mir immer schon fehlte war ein ordentliches Selbstbewusstsein. Das konnte ich natürlich mit einer neu gestalteten Wohnung auch nicht erhalten. Ich war als Nesthäkchen aufgewachsen und stets gut gehütet. Meine beiden älteren Brüder waren dermaßen wild, dass ich automatisch zum Sonnenschein der Familie erkoren wurde. Die Sina lief immer in der Spur, war immer ordentlich und nie wirklich auffallend. Wie oft war ich schon verliebt und wurde von den Traumprinzen noch nicht einmal wahrgenommen? Hatte ich mal einen abgekriegt, war der gegen meine Katze allergisch und somit auch wieder weg. Wo sollte also hier ein Selbstwertgefühl herkommen?

28. Mai 2006, es war mein 36. Geburtstag. Ein herrlich warmer Sommertag – genau richtig um eine Party zu feiern. Ich lud alle meine Freunde zu einem Grillfest ein. Mein Freundeskreis war klein aber fein. Die Menschen, die ich Freunde nannte, waren wie meine Familie. Denen schenkte ich mein Vertrauen und genoss ihre Anwesenheit. Was sich im Laufe der Jahre veränderte war, dass alle um mich herum begannen, Familien zu gründen, nur ich nicht. Meine beste Freundin war Bettina. Wir kannten uns schon seit dem Kindergarten. Sie lebte mit ihren Eltern und ihrem Bruder direkt neben uns. Das größte war für uns, wenn Bettinas Eltern zustimmten, dass sie bei mir übernachten durfte. Ich liebte sie und ihr gehörte ein sicherer Platz in meinem Leben. Bei ihr konnte ich mir sicher sein, dass ich sein durfte wie ich war. Wenn sie mich anschaute, sah sie einfach nur Sina und sonst nichts, und sie gab mir immer das Gefühl, dass dies genug war. Übrigens ein sehr schönes Gefühl. Heute wohnte sie mit Ihrem Mann und der kleinen Lotta drei Straßen von meinen Eltern entfernt. Somit trafen wir uns immer noch in regelmäßigen Abständen und wir konnten uns alles erzählen – wirklich alles. Wobei es schon manchmal die Situation

gegeben hatte, in der ich der Überzeugung war, dass man sich nicht immer alles erzählen sollte. Ich wusste von Bettina wann und wie oft sie mit ihrem Mann punkt-punkt-punkt hatte. Die Nacht in der Lotta gezeugt wurde, hatte sie mit einem roten Herz in meinen Kalender geschrieben und vor der Geburt bat sie mich, die Patentante von ihrem Kind zu werden. Sehr geschmeichelt von dieser vertrauensvollen Position, nahm ich die Patenschaft natürlich an. Ich konnte mich wirklich nicht beklagen. Ich war im besten Alter, hatte einen guten Job und ein schönes zu Hause. Meine Eltern lebten beide noch und gaben mir stets das Gefühl, etwas Besonderes zu sein. Ich war gesund und jetzt auf dem Weg zu neuen Ufern. Es gab keine richtige Erklärung, warum ausgerechnet ich nie einen Mann fand. Zumindest keinen mit dem man dieses „Auf immer und Ewig-Getue" erleben wollte. Wie ich schon erwähnte, ich war gewöhnlich – aber hässlich war ich nicht – zumindest gab es Menschen, die ich als deutlich hässlicher empfand. Vermutlich lag es daran, dass ich gar keine Zeit für die ganz große Liebe hatte. Das war eine tolle Erklärung für mich selbst.

Einmal hatte ich eine Zufallsbekanntschaft. So ein klassischer Flirt. Man sieht sich, lächelt sich an, ist sich sympathisch und kommt ins Gespräch. Wobei ich es am Anfang nicht glauben konnte, dass dieser gut aussehende Mann tatsächlich mich anflirtete. Aber immer wieder schaute er zu mir herüber und lächelte mir zu. Also wenn der nicht eine enorme Sehschwäche hatte oder sogar schielte, dann meinte der mit seinem breiten Grinsen tatsächlich mich! Wir standen an der Sektbar im Theaterfoyer. Es war die Pause bei der Aufführung Mama-Mia. Ich war mit Bettina dort. Mit wem er da war, konnte ich bis zum Schluss nicht herausbekommen. Zumindest kümmerte er sich außer um Bettina und mich, um niemanden. Ich trug an diesem Abend ein langes schwarzes Kleid und hatte meine Haare hochgesteckt. An der Seite fiel immer wieder eine Haarsträhne frech in mein Gesicht, was meiner neuen Bekanntschaft wohl sehr gefiel. Zumindest machte er seine Scherze darüber und es kamen so Sprüche wie: „Ob wohl die Herrin dieser Haare auch so eigensinnig sei?" Ich gab mich geheimnisvoll und konterte mit einigen koketten Sprüchen. Ich wunderte mich selbst über meine Schlagfertigkeit, und auch darüber wie viel Spaß es mir machte, zu flirten. Er sah toll aus. Sehr groß, gut gebauter Body. Dunkle Haare und etwas Verwegenes im Blick. Ich genoss unsere „freche" Konversation. Die Art wie er mich ansah, schmeichelte mir. Ein Hauch von Abenteuer lag in der Luft. Nach einer Weile bat er mich um meine Handynummer. Da dies aber noch nie meine

Art war, jemandem gleich meine Handynummer zu geben, machte ich immer wieder Ausflüchte um mich aus der Situation wieder rauszubekommen. Schließlich kannte ich diesen Typen mit den blauen Augen und dem süßen Lächeln doch gerade mal acht bis neunzehn Minuten. Ich sagte zu ihm: „Wenn es das Schicksal will, wird es uns noch einmal zusammen führen und dann gebe ich dir meine Nummer". Damit war er natürlich nicht zufrieden. Er bettelte und meinte: „Du brauchst mir die Nummer nur einmal zu sagen. Ich werde sie mir merken ohne dass ich sie aufgeschrieben habe". Kein Mensch konnte einfach so eine Handynummer behalten. Ich brauchte für meine eigene Nummer Jahre, bis ich die auswendig konnte. Das erschien mir also völlig unmöglich und ich sagte genau einmal die Nummer. Danach tranken wir noch ein Glas Sekt zusammen und verabschiedeten uns. Jeder ging zu seinem Platz und keiner drehte sich noch einmal um. Zumindest ich drehte mich nicht mehr um. Ob er es tat, würde ich wohl nie erfahren. Bettina konnte es sich nicht nehmen lassen, und machte den ganzen Abend immer wieder Bemerkungen zu meiner neuen Errungenschaft. Überhaupt zog sie mich sehr gerne damit auf, wenn es um einen Mann in meinem Leben ging. Sie war immer der Meinung, der Mann für Sina Taler musste erst noch gebacken werden und das

Bäckerhandwerk sei am Aussterben. Also sanken meine Chancen auf Mr. Perfekt voll automatisch. Mein Schicksal!

Zwei Tage lang beobachtete ich mein Handy. Ein Gefühl, welches Teile eines Triumphes und Teile von Enttäuschung in sich trug, machte sich breit. Irgendwie fand ich es dann doch sehr schade, dass er sich die Nummer nicht merken konnte. Gerade fertig gedacht meldete sich mein Telefon mit dem SMS-Piep.

Die Meldung lautete:

„Hallo schöne Frau, überrascht? Nun habe ich es mir aber verdient, Dich nochmals zu treffen. Wie wäre es mit morgen Abend? Sag mir wo und wann ich Dich abholen kann. LG Markus".

OK, diesen Herren hatte ich dann wohl unterschätzt. Egal, es schmeichelte mir ja, dass er sich so viel Mühe gab. Markus war sein Name. An dieser Stelle fiel mir auf, dass wir uns noch nicht einmal vorgestellt hatten. Was war das nur für eine Zeit in der wir lebten? Ich unterhielt mich mit einem Fremden, gab ihm meine Telefonnummer und wusste noch nicht einmal wie er hieß. Schnelllebigkeit – ja ich glaube so nannte man das Ursprungswort unserer Zeit. Alles ging immer schneller und ohne Hindernisse, und nichts hatte Tiefgang. Da mich der Abend, auch wenn ich es nicht gern zugab, doch einige Male beschäftigte -

ganz ehrlich: ich dachte pausenlos daran - verabredete ich mich mit ihm bei meinem Lieblingsitaliener. Er sagte sofort zu und zu meiner größten Überraschung wusste Markus, wo das Restaurant war.

Immer wenn ich mal eine Verabredung hatte, kamen Zweifel in mir hoch und jedes Mal konnte ich mich weder für eine Klamotte, noch für die richtige Frisur entscheiden. Es löste immer ein Chaos in mir aus. Jedes Mal wurde mein Kleiderschrank auf den Kopf gestellt und immer musste es für einen Außenstehenden so aussehen, als sei bei mir etwas falsch gelaufen. Damals entschied ich mich für eine schwarze Hose und eine dunkelrote Bluse mit kleinem Ausschnitt. „Vorsicht ist die Mutter der Porzellankiste" lautete das Motto.

Als ich das Lokal betrat, war er schon da. Er sah mich und sprang sofort von seinem Stuhl auf und ging mir entgegen. Markus nahm mir meine Jacke ab und führte mich zu meinem Stuhl. Manieren schien er wohl zu haben und insgeheim gefiel mir das natürlich sehr. Er war sportlich elegant gekleidet und war sich in jeder einzelnen Minute seines Aussehens bewusst. Dieser Mann verstand es, mich zum lachen zu bringen, mir meine Geheimnisse zu entlocken und eine angenehme Atmosphäre zu schaffen. Wir verbrachten einen wunderschönen Abend miteinander. Ein toller Mann – aber wohl nicht für mich alleine. Mir wurde ziemlich schnell klar, dass das was ich für Mühe hielt, einfach nur seine Masche war. Was sollte ich mit einem Mann, der mir zwar super gut gefiel, den ich aber mit einem Duzend anderer Frauen teilen musste? So entschied ich mich dafür, von dieser Art Mann Abstand zu nehmen. Alle Alarmglocken läuteten gleichzeitig und warnten mich vor diesem wirklich sehr reizvollen Objekt. Meine Abwehr hatte bei ihm natürlich den Jagdinstinkt geweckt. Markus konnte und wollte es nicht verstehen, warum ich mich nicht auf ihn einlassen wollte. Meine Erklärungen hörte er nicht. Meine Absagen ignorierte er. Er leistete Schwüre der Treue und hoffte darauf, dass ich es doch mit ihm versuchen sollte. Er sprach von Magie und Liebe auf den ersten Blick und dass ich einen großen Fehler machte, wenn ich „uns" keine Chance gab. Da ich mich aber sehr gut kannte und genau wusste, dass mir dieser Mann das Herz brechen würde, weil ich mich mit Sicherheit viel zu sehr in ihn verliebt hätte, baute ich meine Schutzmauer höher und brach den Kontakt zu ihm ab. Aus heutiger Sicht, wohl die richtige Entscheidung. Markus ist nun zum dritten Mal geschieden und hat mit jeder Frau ein Kind. Seine aktuelle Freundin, irgend so ein magersüchtiges Fotomodell wurde nach wenigen Wochen auch gleich schwanger. Ein Mann mit sehr hohem

Fortpflanzungswillen. Ich war froh darüber, nicht in die Vielzahl seiner Ex-Freundinnen zu gehören. Somit konnten wir uns bis heute unkompliziert gegenübertreten und für ihn wurde ich etwas Besonderes, weil er mich nie erreichte. Wir schafften es, eine Art lockere Freundschaft zu halten, wobei Markus nicht versäumte mich hin und wieder doch noch einmal anzubaggern. Vermutlich wäre ich traurig gewesen, wenn er es nicht immer wieder probiert hätte, weil ich ihn einfach sehr gern mochte. Aber so waren wir Freunde und konnten über sehr Vieles unkompliziert reden. Dieser Status hatte auch etwas.

Mein Bewusstsein fand sich damit ab, dass ich nicht zu den Frauen gehörte, bei denen man sich auf der Straße umdrehte, die man sich in einem Traum vorstellte. Ich gehörte eindeutig zu der „hausbackenen Sorte", und die Spezies Mann rückte in meiner Wichtigkeitsskala ganz weit nach hinten.

Ich flüchtete mich ins Berufsleben. Dort erntete ich die Anerkennung, und fand meinen Platz im Leben. Das was für manche Frauen Heim und Herd war, war für mich mein Büro und die Meetings.

Ich wusste, dass es in diesem Leben noch mehr geben musste, aber der Ort an dem es die große

Leidenschaft, die echte wahrhaftige Liebe gab, blieb mir verborgen. Bisher war nichts Echt oder Groß, es war immer durchschnittlich oder noch weniger. Damit hatte ich mich bis jetzt abgefunden. Aber nun rebellierte es in mir und mein Leben verlangte nach der Aufregung und Vielfalt eines Menschen mittleren Alters.

Meinen Geburtstag feierten wir, wie in jedem Jahr, bei meinen Eltern auf dem Land. Ich konnte mich nicht daran erinnern, dass wir jemals woanders gefeiert hätten. Wozu auch? Mein Vater war immer sehr bemüht, unseren Garten schön sauber zu halten. Er baute mit viel Liebe zum Detail einen großen Pavillon. Überall waren Rosenbüsche, umrandet von Rindenmulch, eingepflanzt. Der Pavillon war weiß gestrichen und rings umher wuchsen wilde Rosen bis ganz nach oben. Ein Fotograf für Landschaftpostkarten hätte im Grundstück meiner Eltern ein Paradies gefunden. Selbst ich, die hier Jahre lebte, konnte mich nicht an den Anblick dieses Anwesens gewöhnen. Es war immer schön und immer etwas anders. Manchmal dachte ich für mich: „Sina, du hast einfach nur Glück gehabt".

Meine Mutter kümmerte sich wie immer um das Wohl meiner Gäste. Es gab verschiedene Braten mit Gemüse und Kartoffelgratin, ein reichhaltiges Salatbuffet und die Desserts allesamt schon als Augenschmaus eine Sünde wert. Sie war die beste Köchin, Bäckerin, Ratgeberin der Welt. Ich genoss es sehr von ihr verwöhnt zu werden. Sie war wie alle Mütter, einfach die Beste. Zu fortgeschrittener Stunde nahm sie mich in den Arm und meinte: „Liebe Sina, du hast so wundervolle Freunde. Ist bei diesen Männern nicht auch einer für dich dabei? Du solltest so langsam mal an Heirat und Familie denken. Als ich so alt war wie du, hatte ich schon deine beiden Brüder zur Welt gebracht." Es klang wie ein Vorwurf – sollte es aber bestimmt nicht sein. „Mutsch, ich weiß, aber ich bin anders. Irgendwann lerne ich ihn kennen und du wirst die Erste sein, die ihn zu Gesicht bekommt, versprochen. Aber bis jetzt sind die Frösche die ich geküsst habe, leider auch Frösche geblieben. Ich warte, bis sich einer in einen Prinzen verwandelt", erwiderte ich. „Sina, du bist unmöglich und nimmst mich nicht ernst", diesen Satz hörte ich mit einem leichten Hieb in meine Taille. Ich schmunzelte und drückte meine Mutter fest an mich. Damit war dieses Thema zumindest vorübergehend aus der Welt. Wir gingen zusammen in den Garten zu meinen Gästen und servierten die Leckereien. Ich wusste, dass sie in Bettina, Karl und Lotta die perfekte Familie sah und sich das für ihre Sina auch wünschte. Kinder konnten 50 Jahre und älter sein. Für Eltern waren sie immer noch die Kinder. Immer sollten sie behütet sein und nur das Beste für das liebe Kind. Zudem waren meine Brüder Robin und Mark auch schon verheiratet – aber Enkel waren bis dato noch nicht in Sicht. Es war immer schön, gemeinsam mit meiner Familie und Freunden zu feiern. In solchen Momenten stellte sich bei mir eine Art innere Ruhe ein. In welcher ich Auftankte für den Alltag. Bis spät in die Nacht ging das Fest und manch einer musste das Gästehaus in Anspruch nehmen, weil eine Heimreise nicht mehr möglich war. So war es immer und sollte es auch immer bleiben. Mein Leben schien stetig und unbeschwert.

2

Inzwischen waren zwei Monate vergangen, seit ich mir meine Wohnung neu gestaltet hatte. Meine nächste Anschaffung sollte nun ein Laptop werden. So beschloss ich, mich in einem Fachgeschäft beraten zu lassen. Nach kurzer Zeit war ich stolze Besitzerin eines nagelneuen Gerätes und der nette Verkäufer hatte mir auch gleich eine eMail-Adresse eingerichtet. Bewaffnet mit einem richtig dicken Handbuch, einen Laptop und einer schicken Tasche dazu ging ich dann in mein privates Reich. Meinen Eß- und Wohnbereich hatte ich mir mit einem Bücherregal abgetrennt und nun entschloss ich mich, meinen Essbereich zu meinem persönlichen kleinen privaten Büro umzugestalten. Ich installierte das Gerät und auch wenn ich darüber sehr erstaunt war, es funktionierte alles auf Anhieb. Normalerweise war ich in Bezug auf Gebrauchsanweisungen eine typische Frau. Erst alle Knöpfe drücken und dann lesen wofür sie da sind. In diesem Fall beschloss ich es jedoch anders zu machen und machte mich ans Lesen dieses monströsen Buches. Ein furchtbares Unterfangen. Immerhin konnte ich jedoch soviel an Informationen herausziehen, dass ich meinen Laptop bedienen konnte.

Nach kurzer Zeit fand ich gefallen daran, mit meinen Freunden per E-Mail zu verkehren. Es hatte einiges an Vorteilen zu bieten, weil man die Nachrichten schreiben und lesen konnte, wann man Zeit dazu hatte. Wenn man jemanden anruft, weiß man nie ob man gerade stört. Emails werden beantwortet, wenn es gerade passt. Noch dazu mochte ich es sehr, wenn die Stimme meines neuen Lieblings sagte: „Sie haben Post"!

Stunden verbrachte ich damit, im Internet zu surfen. In Google wurden alle Fragen beantwortet und eBay löste eine weitere Leidenschaft in mir aus. Schade, dass ich so alt werden musste, um diese tollen Sachen erst jetzt zu genießen. Aber besser spät als nie.

Es war ein Mittwochabend. Ich war nach dem Büro noch kurz im Katzenladen, um meinem Kater, welchen ich auf den Namen „weiße Pfote" taufte, einen neuen Katzenkorb zu kaufen. In meiner Wohnung war so vieles neu, da empfand ich es als gerecht, auch für das liebe Tier etwas Neues anzuschaffen. Schließlich war er ja mein Mitbewohner und sollte von meiner neuen Lebensfreude auch etwas abbekommen. Als ich die Wohnung betrat, kam weiße Pfote gerade durch die Katzenklappe geschlüpft und maunzte mich an. „Hallo mein Süßer, guck mal was ich dir

Schönes mitgebracht habe", begrüßte ich das Tier. Ich stellte den Korb ins Wohnzimmer, aber mein Kater schaute mir nur gelangweilt hinterher. Vermutlich wäre ihm ein voller Fressnapf lieber gewesen.

Ich beschloss mich ans zubereiten des Abendessens zu machen und war gerade dabei, den Salat zu putzen, als die Stimme meines PC ertönte: Sie haben Post! Ich trocknete meine Hände an ein Geschirrtuch und setzte mich vor das Gerät. Eine eMailnachricht im Posteingang. Den Absender kannte ich nicht. Es stand folgendes geschrieben:

Hi Andreas, lieben Dank für die Einladung. Bei mir wird es heute aber spät. Habe einen neuen Auftrag und der ist wie immer in letzter Zeit unter Zeitdruck zu erledigen. Lass uns die Tage ein Bier trinken gehen. Ciao Paul.

Ups, was war das denn? Hier hat sich wohl jemand geirrt. Der Absender lautete auf Paul Meisenhard. Ich kannte keinen Paul und die Nachricht war auch nicht für mich bestimmt. Sollte ich mich bemerkbar machen? Nö, kann ich doch nichts dafür, wenn der nicht die richtige Adresse verwendet, waren meine Gedanken. Was aber, wenn dieser Andreas jetzt irgendwo auf den wartet? Ach, auch blöd. Ich ging in die Küche zurück und widmete mich wieder den Salatblättern. Immer wieder durchquerte diese Nachricht meine Gedanken. Was soll's, zurück schreiben kannst du ja, kostet dich doch nichts, meldeten sich meine Gedanken erneut. Wieder trocknete ich meine Hände am Geschirrtuch und setzte mich an den Schreibtisch. Meine Nachricht lautete:

Hallo Paul – oder besser noch Unbekannter,
ich habe eine Nachricht erhalten, die einen gewissen Andreas erreichen sollte. Ich denke Du hast Dich hier in der Adresse geirrt.
Freundliche Grüße Sina

Ich drückte auf Senden und das Briefsymbol flog davon, so wie es das immer tat, wenn eine Nachricht raus ging. Keine zwei Minuten später meldete die Stimme: Sie haben Post! Ich öffnete die Nachricht und las:

Hallo Sina – oder soll ich Unbekannte sagen?
Vielen Dank, dass Du mich darauf aufmerksam gemacht hast. Da wäre jetzt wirklich was verrutscht. Ich muss mich total vertippt haben. Entschuldige bitte! Ich bin im Moment geschäftlich sehr angespannt, da wäre so eine Panne jetzt nicht gerade gut gewesen.
Wünsche Dir einen schönen Abend und sende freundliche Grüße Paul

Es stand ja eigentlich nichts Aufregendes in der E-Mail, dennoch machte es mich nervös. Ich fing an mir Gedanken zu machen, wer dieser Paul war. War er alt oder jung? Wie sah er aus? Wo er wohl wohnte? Ich öffnete Google und gab seinen Namen ein. Die Meldung lautete: es wurden 117.395 Dateien mit dem gesuchten Namen gefunden. Mir wurde ziemlich schnell bewusst, dass ich hier chancenlos war, ihn da raus zu finden. Zudem hatte ich ja null Informationen über ihn. Somit galt auch hier wieder einmal, die Sache abzuhaken und nicht mehr darüber nachzudenken. Meine ganze Aufmerksamkeit gehörte nun ausschließlich dem Abendessen. Der Salat war fertig und der Duft der angebratenen Putenbrust verscheuchte alle Gedanken an fremde Männer mit dem Namen Paul. Nach dem Essen räumte ich meine Küche auf und schrieb noch ein paar Nachrichten an Bettina und an meinen Bruder. Dann meldete ich mich aus dem Netz ab und machte mich für die Nacht bereit. Beim Einschlafen huschte noch einmal die Nachricht von Paul vor meine Augen und dann schlief ich ein. Am nächsten Morgen war alles wie immer. Frühstück machen, zur Straßenbahn hetzen und ins Büro gehen. Nur eins war heute anders und darauf freute ich mich sehr: ich hatte einen Friseurtermin. Mein Kleiderschrank hatte ich peu a peu modernisiert und nun sollte es an die Sina selber gehen. Ich hatte keine konkrete

Vorstellung, wie die Veränderung aussehen könnte. Meine bestehende Frisur war eine Masse aus rotbraun teils gelockt und teils gefransten langen Haaren. Die meiste Zeit trug ich meine Haare zu einem einfachen Zopf gebunden. Ich wählte für mein Vorhaben einen dieser IN-Salons und ging voller Erwartung in das Geschäft. Ein sehr schlanker, attraktiver, garantiert schwuler Typ kam mir mit einem „Hallo schöne Frau, was kann ich für Sie tun?" entgegen. „Hallo ich bin Sina Taler, ich habe einen Termin bei Franco", antwortete ich zögerlich. „Da sind Sie bei mir genau richtig. Darf ich vorstellen, vor Ihnen steht Franco Brezzanio, der Meister persönlich". Es entlockte mir ein Lächeln. Irgendwie ein Schauspiel und sehr unwirklich aber irgendwie auch genau das, was ich wollte. Franco begleitete mich zu einem schweren Ledersessel mitten in einem Raum, der in Mahagonifarben gehalten wurde. Die Einrichtung war edel. Sehr gerade Linie und keinen Firlefanz.

Er stand hinter mir und blickte mir durch den ovalen Spiegel ins Gesicht. Ohne zu sprechen, nahm er das Band aus meinen Haaren und fuhr mit beiden Händen durch das Gestrüpp. Nach einigen Minuten Inspiration fragte er dann: „Nun meine Liebe, was wollen wir denn machen?" „Herr Brezzanio, ich möchte eine totale Veränderung", antwortete ich. „Franco, sagen Sie einfach Franco zu mir und die totale

Veränderung ist meine Spezialität". Er klatschte in die Hände und rief: „Isabella, bitte einmal Haare waschen. Wir brauchen Shampoo Nr. 7, Balsam Nr. 15 und das Curlfluid". Danach tippte er mir auf die Schulter, zwinkerte mit einem Auge und meinte: „Wir sehen uns gleich wieder, genießen Sie das Bad Ihrer Haare". Ein komischer Vogel, dachte ich bei mir. Dennoch musste ich zugeben, dass ich mich hier sehr wohl fühlte. Isabella kam um die Ecke und legte mir einen Umhang um. Sie stellte ein Tablett vor mir ab auf welchem eine kleine Kerze stand und ein Glas mit Mineralwasser. „Möchten Sie einen Kaffee oder ein Glas Prosecco", fragte sie. Aber ich verneinte und die Prozedur konnte losgehen. Die Haarwäsche war das Größte. Isabella massierte meine Kopfhaut, ich wäre ihr fast im Waschbecken eingeschlafen. Als sie fertig war, trocknete sie die Haare mit einem Handtuch und steckte sie mit einer Klammer nach oben. Sie legte mir warme Tücher in den Nacken und massierte mich auch hier einige Minuten. Das war er, der Eingang meines neuen Daseins. Allein für diesen Ablauf hatte es sich schon gelohnt, mein Leben neu in die Hand zu nehmen. Es dauerte nicht lange, kam Franco um die Ecke, er hatte ein Bild in der Hand. „Könnten Sie sich das so vorstellen?" Ich musterte das Foto und sah eine Frau mit rotbraunen Locken. Die Haarlänge etwas mehr als Schulter. Es sah toll aus.

„Kriegen wir das bei mir so hin?", fragte ich vorsichtig. Franco nickte und begann meine Haare zu bearbeiten. Nach insgesamt vier Stunden und 180 EURO weniger in der Tasche verließ ich den tollsten Friseurladen der Geschichte. Es fühlte sich klasse an. An jedem Schaufenster an dem ich vorbei kam, schaute ich rein und konnte es kaum fassen, was ich da getan hatte. Ich fühlte mich zwar finanziell ruiniert aber glücklich.

Zuhause angekommen blinkte mein Laptop. Ein Zeichen, dass eine neue Nachricht rein gekommen war.

Ich entdeckte folgende Zeilen:
Hallo Unbekannte,
ich musste noch ein paar Mal daran denken, dass ich einer völlig fremden Frau eine Nachricht gesendet hatte und es hatte mich sehr gefreut, dass Du den Fehler gemeldet hast. Ich musste daran denken, wer Du wohl bist, wie Du aussiehst und so und dann dachte ich mir, ich schicke Dir einen lieben Gruß. Vielleicht möchtest Du mir mal zurück schreiben.
LG Paul

Mir wurde ganz heiß. Genau dieselben Gedanken die ich mir auch gemacht hatte.
Scheint ja ein sehr netter Typ zu sein.

Ich ging in mein Schlafzimmer und schaute mich erst einmal von allen Seiten an. Die Frisur war super. Ich probierte meine neuen Klamotten dazu an und beschloss, morgen zum ersten Mal als die neue Sina Taler ins Büro zu gehen. Was hier noch fehlte, waren die Kontaktlinsen. Ich war kurzsichtig und trug eine Brille. Für meinen Geschmack zwar eine sehr moderne Brille aber es war eine Brille. Beim Optiker besorgte ich mir Tageslinsen und wollte dies nun austesten. Ich weiß nicht mehr so genau, wie viele Stunden ich im Bad verbracht hatte, wie oft ich das Waschbecken nach diesen klibberigen Dingern abgesucht hatte, bis ich die endlich drin hatte. Erstaunlich wie gut man mit Kontaktlinsen sehen konnte. Diese Aktion hatte sich also auch gelohnt.

Mein   Wecker klingelte und voller Freude sprang ich aus dem Bett. Ich duschte und war hell erfreut, dass meine Frisur, trotz der Nacht, noch ziemlich gut gehalten hatte. Dann machte ich die Kontaktlinsen rein, und dieses Mal klappte es auf Anhieb, zog meine neue schwarze Hose und eine Tunika in kräftigen bunten Farben an. Ich fühlte mich leicht wie eine Feder und auf dem Weg zur Straßenbahn grüßte ich alle mir entgegen kommenden Leute mit einem fröhlichen „Guten Morgen". In der Bahn setzte ich mich wie immer auf „meinen" Platz   und   Dennis,   mein   morgendlicher

Zugbegleiter meinte: „Sina, bist du das wirklich? Du siehst toll aus". „Danke Dennis, ich musste dringend etwas an meinem Leben ändern und nun bin ich fertig mit der Renovierung", gab ich lächelnd zurück. Im Büro angekommen, spürte ich die Blicke der Kollegen, aber niemand sagte etwas. Ich ging in mein Büro und begann meine Arbeit zu machen. Plötzlich ging die Tür auf und Claudia stand da. „Sina, ich glaub es ja nicht. Du siehst toll aus. Was ist denn passiert? Hast Du einen Typen?" „Claudia, muss denn immer ein Mann dahinter stecken, wenn eine Frau sich verändert?" „Nein, natürlich nicht. Aber du musst zugeben, dass hier ist keine Veränderung, das hier ist eine Explosion". Claudia kriegte sich fast nicht mehr ein und im Laufe des Tages äußerten sich auch die anderen Kollegen zu der optischen Veränderung. Einer meinte nur: „Na, hoffentlich bleibt sonst alles so wie wir das kennen". Klar, das die Veränderungen nicht mochten. Ich machte denen schon seit Jahren den Deppen. Auch hier würde ich mich noch verändern müssen. Aber nicht alles auf einmal. Jetzt musste ich mich selbst erst einmal an die neue Sina gewöhnen. Eins wurde mir jedoch ziemlich schnell klar: unsere Außenwelt ist von Äußerlichkeiten gefesselt. Ich war immer noch derselbe Mensch wie vorher, doch ich wurde ganz anders behandelt und wahrgenommen. Irgendwie empfand ich das als ungerecht. Aber warum sollte ich mir den Kopf zerbrechen, wegen Dingen, die ich sowieso nicht ändern konnte?

„Weiße Pfote" begrüßte mich mit einem „Miau", als ich unsere Wohnung betrat. Ich füllte seinen Fressnapf und startete meinen Laptop. Nachdem ich mir auch etwas zum essen gemacht hatte, setzte ich mich an meinen Schreibtisch und las die Nachricht von Paul noch einmal. Sollte ich ihm schreiben? Oder besser nicht? Was hatte ich zu verlieren? Eigentlich nichts. Also klickte ich den Button „Antworten" an und schrieb folgendes:

Hallo Fremder,
ich bin mir nicht sicher, ob ich zurück schreiben sollte. Jetzt habe ich allen Mut zusammen genommen und schreibe Dir doch. Es war seltsam – Du hast geschrieben, dass Du Dir Gedanken gemacht hast, wer ich bin. Ob Du es glaubst oder nicht, ich hatte diesen Gedanken auch. Deiner eMail-Endung entnehme ich, dass Du in Deutschland lebst. Wo genau dort? Wie alt bist Du? Sorry, falls ich zu indiskrete Fragen stelle, beantworte sie einfach nicht.
Gruß Sina

Ich drückte auf senden und der Brief flog davon. Danach verfolgte ich mein eBay-Konto und dann meldete meine elektronische Stimme: „Sie haben Post!"

Das ging aber schnell mit der Antwort, waren meine Gedanken. Voller Freude öffnete ich den Posteingang. Eine Nachricht von Bettina. Sie wollte mal wieder ins Kino und hat mir das Programm gemailt. Es war zwar auch schön, von ihr eine Nachricht zu erhalten, aber eigentlich hoffte ich auf eine andere. Einige Minuten später ertönte mein Lieblingsgeräusch wieder und diesmal war sie von Paul.

Hallo Fremde!
Du glaubst gar nicht, wie sehr ich mich darüber freue, dass Du geantwortet hast. Ich wusste auch nicht so richtig, ob ich schreiben soll oder nicht. Man weiß ja nicht, wer da am anderen Ende sitzt. Du schreibst sehr nett. Du hast Recht, ich lebe in Deutschland, um genau zu sein in Ulm. Ich bin fast 40 Jahre alt und arbeite in der Werbebranche. Nicht verheiratet, keine Kinder und hoffentlich bald Nichtraucher. Ansonsten gibt es über mich nicht viel Spektakuläres zu berichten. Nun zu Dir?
Bis gleich, LG Paul

Mein Herz klopfte wie verrückt. Er wohnte in Ulm, in meinem Ulm! 40 Jahre, keine Kinder, keine Frau und vielleicht bald Nichtraucher. Meine Hände fingen an zu schwitzen. Was machte mich denn so nervös? Ein Mann mit solchen Daten konnte dann nur noch eines sein: hässlich.

Ok, mir war klar – er sitzt jetzt am anderen Ende der Leitungen und erwartete meine Antwort.

Und wieder ein Hallo,
ich wohne auch in Ulm. Denkst Du das ist Zufall? Solche Zufälle gibt es doch nicht, oder? Ich bin ganz frisch 36 Jahre alt, schon immer Nichtraucher. Habe weder Mann noch Kinder und arbeite in der Automobilindustrie. Außer, dass ich vor kurzem 180 EURO beim Frisör ausgegeben habe, gibt es von mir auch nichts aufregendes zu berichten. Oder doch, ich lebe mit einem männlichen Wesen namens „weiße Pfote". Er ist mein Sonnenschein in meinem Leben. Schreib mir doch mal, was Deine Hobbys sind, was Du gerne isst, wo verbringst Du Deine Freizeit. Aber lass uns eins miteinander vereinbaren: Wir tauschen keine Adressen aus und keine Telefonnummern und wir treffen uns nicht. Ok?
Bis später dann!

Zu meinem Erstaunen, willigte er in meine Vorschläge ein. Es war verrückt und wurde bald zu meinem Bonbon des Tages. Ich konnte es kaum erwarten von der Arbeit nach Hause zu kommen, um nachzusehen, ob von ihm eine Nachricht gekommen war. Es wurde unser tägliches Ritual. Wenn einer von uns verreiste oder mal einen Tag keine Möglichkeit für eine E-Mail hatte, schrieben wir uns das immer am Tag zuvor. Damit man am nächsten Tag nicht enttäuscht war, wenn der Posteingang leer geblieben war. Ich wusste nicht warum, aber ich hatte noch nicht einmal Bettina von meinem Freund auf der anderen Seite der Leitungen berichtet. Ich wollte nicht, dass auch diese Geschichte wieder wie eine Seifenblase zerplatzt und ich zum Schluss alleine da stehe. Außerdem hätte mir Bettina auch wieder davon abgeraten. Da wären so Dinge gekommen wie: „Was, du kennst den nicht? Was wenn er ein Massenmörder ist oder ein Sittenstrolch oder einer der dich heimlich verfolgt?" Sie hätte nicht das Positive gesehen. Bettina konnte das Gras wachsen hören.

3

Die Bezeichnung des Zeitraumes konnte ich nicht festlegen, weil es mein Verstand vereitelte von Minuten, Stunden, Tagen oder Wochen zu sprechen. Etwas war passiert, aber ich konnte es nicht einordnen. Irgendetwas verriet mir jedoch, dass es etwas Furchtbares gewesen sein musste. Ich schaute mich um, erkannte den Ort aber nicht. Um mich herum war alles in einen Nebelschleier gehüllt. Fremd und unwirklich.

Es wirkte wie ein Augenblick und ich fand mich in einem Krankenhaus wieder. Nicht als Patient, sondern als Besucher. Es war die Kinderstation des Ulmer Klinikums. Was wollte ich hier? Ich kannte kein Kind, welches so krank war, dass es einen Aufenthalt in einer Klinik erleben musste. Dennoch stand ich in einem Zimmer, in welchem ein kleines Mädchen lag. Ihr Name war Alina-Sofie. Dieses kleine Geschöpf war gerade mal vier Jahre alt und musste eine Operation über sich ergehen lassen. Woher wusste ich das, waren meine Gedanken? Sie lächelte mir zu und fragte: „Bist du ein Engel?" Ich lächelte zurück und sagte: „Warum denkst du, dass ich ein Engel sei?" „Du bist so schön und deine Augen glänzen wie bei einem Engel", war die Antwort. Eine Krankenschwester kam ins Zimmer und rollte das Bett mit der kleinen Alina-Sofie aus dem Raum. „So kleine Dame, jetzt gehen wir zum Onkel Doktor und dann wirst du ein wenig schlafen und wenn du wieder wach bist, ist alles schon vorbei", sprach die Schwester mit feiner Stimme zu dem Kind. Warum war dieses Mädchen allein? Wo waren denn die Eltern? Alina-Sofie winkte mir zu: „Wünsche mir Glück lieber Engel", rief sie. „Mit wem redest du?", wollte die Schwester wissen. „Mit meinem Engel, kannst du sie nicht sehen? Sie ist wunderschön. Hat rote Locken, wie das Engel so haben und leuchtende Augen". Die Frau strich ihr über die Wange und versicherte ihr, dass sie keine Angst haben müsste, und dass ihr Engel mit Sicherheit auf sie aufpassen würde. Ich winkte ihr zu und lächelte. Warum konnte mich das Mädchen sehen und die Krankenschwester nicht? Wieder wurden neue Fragen geboren.

Kein Zeitgefühl, kein Raumgefühl. Wenn man die Feststellung dulden konnte, gab es keinerlei Gefühl. Die Luft roch nicht, die Sonne wärmte nicht. Was war mit mir los? In meinem Körper machte sich eine Art Taubheit breit. Eine Erklärung für dieses Gefühl hatte ich jedoch auch nicht. Ich erlebte Dinge und fühlte mich dabei wie in einem Traum – aber es war realer als ein Traum. Nur eins wurde immer klarer, so real wie das Leben war es nicht. Normalerweise hatte ich vor Situationen, die neu oder anders waren, als das Gewohnte, Angst. Aber selbst dieses Gefühl war nicht existent.

MEMO an mich: „Sina, du brauchst unbedingt ein paar Tage Urlaub. Du scheinst völlig überarbeitet. Die letzten Wochen waren wohl etwas zu hart für dich". Jetzt fing ich schon an mit mir selbst zu reden und mich zu beruhigen. Was konnte ich mir schon sagen? Wen hätte ich um Rat bitten sollen? Wer hätte eine Antwort für mich gehabt? Meine Gedanken machten Sprünge und mein Körper ging auf Reisen.....

Plötzlich stand ich vor dem Eingang eines Friedhofes Mitten in Ulm. Das schwere Eisentor stand offen und ich ging hinein. Ich blickte mich um und entdeckte eine kleine Tafel. Auf der stand folgendes geschrieben:

Sina Taler
geboren am 28. Mai 1970 in Memmingen
verstorben am 10. September 2006.
Beerdigung findet am 15. September 2006,
um 14.00 Uhr statt.
Kondolenzbuch liegt auf.

Ein herrlicher Spätsommertag im September. Die Sonne erstrahlte in ihrer schönsten Pracht. Dennoch waren die Vorboten des herannahenden Herbstes schon deutlich. Die Vögel sangen und bereiteten sich auf ihre Reise vor. Eine ganze Zeit beobachtete ich ein Vogelpaar wie es sich dem Anschein nach zankte. Das Männchen saß im oberen Teil eines Baumes und das Weibchen drei oder vier Zweige darunter. Das hin und her Gezwitschere hörte sich wie ein Streitgespräch an. Ob es Zankereien in der Tierwelt zwischen Eheleuten auch gab, war mein Gedanke und zauberte mir ein Lächeln ins Gesicht. Ansonsten war Ulm wie gewohnt. Geschäftiges Treiben und Menschen mit großen Einkaufstaschen die von Kaufhaus zu Kaufhaus gingen. Spielende Kinder, musizierende Studenten und andere Künstler sorgten für Kurzweil in der Fußgängerzone. Große Plakate hingen an den Schaufenstern, in welchem die neue Skimode angepriesen wurde. Die Reisebüros warben mit Reisen in die Wärme, nach dem Motto: entfliehen sie dem kalten Winter. Ulm war zu jeder Jahreszeit meine Lieblingsstadt. Ich hatte nie das Bedürfnis fliehen zu müssen.

Die S-Bahn fuhr wie immer von Station zu Station. Ab und zu hörte man das Martinshorn eines vorbeifahrenden Krankenwagens. Die Eiscafebetreiber erfreuten sich an den gut besuchten Eisdielen und hofften darauf, dass der Sommer sich verlängern ließe. Ich ging durch die Straßen und beobachtete dies alles. Wie bereits im Krankenhaus spürte ich, dass etwas nicht so war wie ich es kannte. Weitere Fragen bohrten sich in meinen Kopf. Niemand nahm mich wahr. Weder in der Straßenbahn, noch in den Geschäften. Wollten die Leute nicht oder konnten sie nicht? Was war geschehen? Warum konnte ich in unglaublich kurzen Abständen an verschiedenen Orten sein, und warum las ich meinen eigenen Namen auf der Tafel? War ich tot?

Ich hatte noch immer nicht begriffen, was genau geschah und stellte fest, dass es wohl auch nicht so richtig um meine Person gegangen war. Wie auch, schließlich bekam ich ja alles genau mit? Es erschien mir zwar etwas merkwürdig, aber ich war da. Ich sah alles, hörte alles. Gestorben ging anders. Zumindest dachte ich mir das, bis zu diesem Zeitpunkt. Für mich war der Tod immer etwas Endgültiges. Ich glaubte nie an ein Leben danach oder an die Wiederauferstehung, oder vielleicht hoffte ich einfach nur, dass es dies nicht gab – weil für mich dieses eine Leben genug war. Ich wollte nicht immer wieder auf die Erde zurückkehren und immer wieder von vorne beginnen. Außerdem hatte ich doch eben erst begriffen richtig zu leben. Es hatte doch noch gar nicht richtig angefangen. Der Tod, das Leben danach – das waren Themen, denen ich immer gerne ausgewichen war. Aber nun wurde ich damit konfrontiert. Unvorbereitet, ungefragt und hilflos.

In dieser Stadt gab es zahlreiche Friedhöfe, der Hauptfriedhof, so wie ich ihn nannte, hieß in Wirklichkeit „Neue Friedhof" und lag an der Stuttgarter Straße. Dieser Ort war wie ein Park. Oft ging ich einfach so dort hin, weil ich die Ruhe schön fand. Es war alles sehr ordentlich und Menschen die sich hier her begaben, sprachen leise und verhielten sich insgesamt unauffällig. Das genoss ich sehr. Hier konnte man einige Zeit auf einer Holzbank sitzen, ein Buch lesen oder nur die Leute beobachten. Fern ab von all dem Alltagsstress. Nur einmal die Gedanken schweifen lassen und nichts tun – genial. Manchmal saß ich auch mit Bettina hier und wir tratschten über die Menschen die an uns vorbei kamen. Wie die kleinen Gören. Es war unbeschwert und einfach – mein bisheriges Leben. Wie oft träumte ich mich in andere Welten? Jetzt schien ich in einer anderen Welt zu sein.

Der an der Anschlagetafel besagte 15. September war gekommen und auf dem Friedhof versammelten sich sehr viele Menschen, die ich gut kannte. Meine Familie, meine Freunde, Schulkameraden, Geschäftskollegen, Vereinsfreunde, Nachbarn usw. Alle trugen schwarze Kleidung und keiner von ihnen schien glücklich zu sein. Wie auch? Sie waren ja auf dem Weg in die kleine Kapelle, in welcher in wenigen Minuten eine Trauerfeier abgehalten werden sollte. „Hallo will mich denn niemand mitnehmen?", rief ich zu meinen Eltern. Doch die schienen mich nicht zu hören. Meine Mutter war auf den Arm meines Vaters gestützt. Sie gingen langsam aber ohne Umwege direkt auf das kleine Gebäude zu. In der Aussegnungshalle stand ein weißer Sarg mit roten Rosen geschmückt – wunderschön. Vor dem Sarg stand ein Bild – ich erkannte mein Gesicht darin. Ein Alptraum wie ich ihn noch nie erlebt hatte. Ein sehr makaberes Szenario spielte sich um meine Person ab. In den Bankreihen lagen Gesangbücher und vorne, neben dem Altar waren die vorgeschlagenen Lieder angeschrieben. Es waren Lieder wie „Großer Gott wir loben Dich", oder „Kehr ein in Gottes Frieden". Wer sollte wohl für meine Trauerfeier Kirchenlieder aussuchen? Ich selbst kannte ja keines. Der regelmäßige Gang in die heiligen Hallen gehörte schon Jahre nicht mehr in mein Leben. Meine Gedanken machten Sprünge in einer mir völlig fremden Version. Mit viel Mühe versuchte ich das Gesehene und die dazu auftretenden Gedanken zu sortieren.

Ich liebte alte Kirchen – aber nur wenn kein Gottesdienst darin stattfand. Wenn ich zufällig an einer vorbei kam und diese nicht verschlossen war, ging ich hinein. Die Stille empfand ich als wohltuend. Manchmal zündete ich eine Kerze an und hatte für mich allein gebetet, ohne Gottesdienst, ohne Menschen die am nächsten Tag erzählen konnten, die Frau Taler war in der Kirche. Der Anblick von hunderten von Jahren alten Gemäuern löste in mir eine Art Ehrfurcht aus. Wie schwer hatten es die Menschen früher solche Werke zu erbauen? Manche ließen ihr Leben dabei. Andere hatten keinen anderen Lebenssinn, als den, bei solch einem Bauwerk dabei gewesen zu sein. Die Gemälde an den Decken oder Wänden waren mit so viel Hingabe und Treue zum Detail gezeichnet worden, ganz abgesehen von der Pracht der ausgewählten Farben. Sie konnten einem Geschichten erzählen. Man musste nur genau hinsehen und hinhören. Für mich waren es Orte der Besinnung, der Einkehr. Glauben ist etwas sehr Persönliches und konnte nicht daran gemessen werden, wie hoch der Abzug auf der Lohnsteuerkarte ausging. Es gibt Dinge, die kann man in Geldwerten nicht messen! Ich machte das mit mir aus. Und nun das! Mein Sarg in einer Kapelle – ein Widerspruch sondergleichen. Mein Körper in einer Holzkiste. Klappe zu – Sina tot.

Es war ein herrlicher Tag, dieser 15. September, nicht zu warm, nicht zu kalt – genau wie ich das immer mochte. Der Himmel war blau und ab und zu sah man eine weiße Wolke, die einem Wattebällchen glich. Ich verfolgte das Ganze aus der Ferne. Irgendwie war ich dabei und irgendwie auch doch nicht. War das jetzt wirklich meine eigene Beerdigung? Quatsch – das konnte nur ein sehr schlechter Film sein, oder ein Traum. Irgendwann würde ich aufwachen und merken, dass ich nur schlecht geträumt hatte. Dann würde ich mich in den Arm kneifen, merken dass dies weh tat und alles wäre wie es immer war. Aber ich wachte nicht auf, und die Geschehnisse gingen einfach weiter. Ich versuchte, die Gespräche der einzelnen Personen mit zu bekommen und ich fühlte mich elend dabei. Alle waren sehr bestürzt und ich konnte Wortfetzen wie: Es ist einfach unglaublich! Warum gerade Sina? Warum jetzt? Sie war noch so jung und hatte so viele Pläne. Wie konnte das passieren? Was hieß hier, ich hatte so viele Pläne??? Ich habe viele Pläne. Und was sollte wie passieren? Ein fürchterliches Durcheinander ohne Zusammenhänge und Plan. Ab jetzt wünschte ich mir, dass ich von diesem blöden Traum doch endlich aufwachen würde. Dennoch wurde mir bewusst, dass es sich nicht um diese typischen Alpträume handelte, in denen man wegrannte und nie vom Fleck kam. In denen man in die Tiefe stürzte um dann am nächsten morgen völlig gerädert neben dem Bett wieder zu sich kam. Diese Dimension war eine mir bis dahin unbekannte Art des Traumes.

Vom Gefühl her saß ich auf einem Baum, aber das war unmöglich, weil ich konnte gleichzeitig beobachten, was sich in der Kapelle zugetragen hatte, wie auch die Menschen auf dem Hof beobachten. Ich hörte sowohl, was einige Meter von mir entfernt gesprochen wurde, wie auch das, was die Leute direkt unter mir sagten. Völlig irreal. Mit einem Mal tauchten zwei fremde Gestalten auf. Wenn man es setzen nennen konnte, würde ich sagen, sie setzten sich neben mich. In meiner naiven Betrachtungsweise sahen die aus wie zwei wandelnde Leintücher. War denn schon Karneval? Ich stellte fest, dass ich allem Anschein wohl kein Leben mehr hatte, aber mein Humor schien mir geblieben. Die Eine meinte: „Es ist schon komisch so ganz frisch hier und wenn man dann seine Lieben sieht und nicht mehr dazu gehört". „Wie meinst du das?" fragte ich. „Na, Schätzchen, das da unten ist deine Beerdigung. Alle sind wegen dir da und du musst noch ein bisschen was aufarbeiten und dann darfst du ins Jenseits einkehren", war die Antwort, die wie ein leichter Vorwurf klang. Mir wurde kalt und ich wollte das alles auch nicht wahr haben. Wann sollte ich denn gestorben sein? Warum war ich nicht traurig? Schließlich erzählte mir dieses „Ding" gerade, dass ich nicht mehr lebte. Ich hatte schon begriffen, dass etwas anders war, als ich es bisher kannte. Aber tot zu sein – das konnte nicht sein.

Es gab zwar immer mehr Indizien, die dafür sprachen, aber tief in mir wehrte sich etwas gegen diesen Zustand. Ich war außerstande etwas zu fühlen. Weder Trauer, noch Freude, noch Schmerz. Es war als ob man einen Film anschaute - aber völlig emotionslos. Dann meinte die andere Gestalt: „Glaub mir, hier ist es gar nicht so übel. Du musst nach und nach loslassen und dann wird es dir gefallen. Deine Zeit war noch nicht gekommen, deshalb gibt es jetzt diese Prozedur. Es dauert nicht mehr lange, dann nehmen wir dich mit", diese Sätze kamen ohne jeglichen Gesichtsausdruck zwischen den farblosen Lippen hervor. Ich wollte gerade noch etwas fragen – aber die Beiden waren plötzlich wieder weg. War das ein Spiel? Oder ein völlig daneben gegangener Scherz? Lustig fand ich dieses Spiel aber nicht, vor allem wollte ich bereits jetzt schon nicht mehr mitspielen.

Nein, ich hatte wohl gestern Abend zu tief in mein Rotweinglas geschaut und nun kommen mir merkwürdige Männlein in komischen Kostümen durch meine Promillewelt. Alles ganz harmlos! Als ich an mir runter schaute, stellte ich fest, dass ich meine Lieblingsjeans und einen roten Pullover trug (das ich den noch hatte – den wollte ich bestimmt schon vor 10 Jahren der Altkleidersammlung übergeben), jedoch hatte ich nur einen Schuh an – blöd – wo war denn der andere geblieben? Ich hoffte, dass sich die Sachlage bald klären würde. An meinen Fingern hatte ich Ringe. Dies verriet mir, dass ich wohl ausgehen wollte. Weil ich diese nur trug, wenn ich was vorhatte. Im Alltag trug ich weder Ringe noch sonst irgendwelchen Schmuck. Immer die gleiche Frage, die sich in meinem Kopf fest bohrte: Was war geschehen? Ich griff mich an den Armen, fuhr mit meinen Händen an meinem Körper herunter. Ich fühlte nichts. Weder meine Hände signalisierten eine Berührung, noch mein Körper. Ich bekam schreckliche Angst.

Die Leute verließen die Kapelle und gingen hinter dem Sarg, welcher von vier Männern in dunklen Anzügen getragen wurde, einige Wege über den Friedhof. Eine Blaskapelle spielte ein unsagbar trauriges Lied. Diese Art von Musik mochte ich noch nie. Selbst ein nicht depressiver Mensch könnte bei solchen Klängen in tiefste Melancholie verfallen. Wer hatte das festgelegt, dass bei Beerdigungen solche Lieder zu spielen sind? Es war furchtbar. An der Stellte, wo die Erde ausgehoben wurde, stellten die Männer, die ich nach näherem Betrachten als meine Schulkameraden identifizierte, den Sarg ab. Die wirklich sehr große Trauergemeinde versammelte sich rings um das Grab. Ein guter Freund von mir, hielt eine Grabrede – die mich unter anderen Umständen umgehauen hätte. Er erzählte so wunderbare Dinge über mich, die selbst ich nicht glauben konnte. Aber er nannte immer wieder meinen Namen. Naja, Tode sollte man Ruhen lassen und wenn mich alle in guter Erinnerung behielten, konnte mein Leben nicht völlig falsch gelaufen sein. So betrachtete ich es immer noch wie in einem Film. Wie eine Schnulze oder Komödie. Aber die Gesichter bestätigten mir, dass es wohl keins der Beiden war. Der Sarg wurde in die kalte, dunkle Erde hinab gelassen. Großes Schluchzen und endlos traurige Menschen. Ein schrecklicher Gedanke. War da wirklich mein Körper drin? Jetzt wurde ich an Würmer und Krabbelkäfer übergeben? Natürlich wusste ich, dass dieses Ungeziefer nur bis zu einer Bodentiefe von ca. einem Meter existent waren – aber diese Käfer-Wurm-Theorie war schon immer in meinem Kopf. Allein der Gedanke, in einer Kiste zu liegen und später mit Erde beworfen zu werden um dann irgendwann zu zerfallen, konnte bei mir keine erlösenden Empfindungen hervorrufen. Noch nie! Das konnte nicht meine Beerdigung sein. Ich hätte zu Lebzeiten darauf bestanden, dass meine Überreste verbrannt werden sollten. Bei näherem Nachdenken, konnte ich mich jedoch nicht daran erinnern, ob ich je einem Menschen gesagt hatte, dass ich dieses Verfaulen meines Körpers nicht so toll fand. Warum auch? Schließlich wurde ich vor gar nicht so langer Zeit erst 36 Jahre alt und da machte man sich über alles Gedanken, aber mit Sicherheit nicht über seine eigene Beerdigung. Mein Dasein war stets damit beschäftigt, meine Eigentumswohnung abzubezahlen, regelmäßig Urlaub zu machen. Weiße Pfote zu verwöhnen. Shoppen zu gehen – ganz bestimmt nicht in einem Beerdigungsinstitut.

Nach und nach gingen die Leute zum Grab und warfen Blumen hinein. Die Einen hatten rote Rosen, die Anderen Margariten dabei. Diese Leute mussten mich wohl wirklich sehr gemocht haben. Immerhin kannten sie meine Lieblingsblumen. Schon als Kind hatte ich auf der großen Wiese gegenüber meines Elternhauses Riesensträuße Margariten gepflückt und auf unseren Eßzimmertisch gestellt. Meine Mutter sagte dann immer: „Meine Sina und die Margariten. Das du die so gern magst." Dann lächelte sie mir zu oder streichelte mir über den Kopf. Wirklich schöne Erinnerungen. Wenige der trauernden Gäste gingen nach dem Grab nochmals in die Kapelle zurück und zündeten eine Kerze an. Diese stellten sie dann neben mein Bild und beteten. Es war seltsam. Ich war hier dabei, fühlte nichts und dennoch spürte ich, dass es nicht echt sein konnte. Aber niemand gab mir auf meine Fragen Antworten. Woher sollte ich wissen, wie tot ging? Auf jeden Fall wusste ich ab jetzt, dass nur der Körper stirbt. Die Gedanken lebten weiter und die konnten einen so richtig auf Trapp halten.

Immer noch beobachtete ich „meine" Beerdigung. Ich hatte weder ein Zeit-, noch ein Raumgefühl. Ich stand selbst vor meinem Grab und sah den weißen Sarg in der Tiefe der Erde. Kann das alles gewesen sein? Kam mir diese Frage nicht bekannt vor? Nur damals änderte ich meine Wohnungseinrichtung und verplemperte ein Vermögen beim Frisör. Heute war es eher eine existentielle Frage. Da kam man als kleines Baby zur Welt. Wurde behütet und betüttelt. Wuchs heran. Besuchte Schulen und das ganze Leben wurde von Prüfungen und Erfahrungen geprägt, um dann irgendwann einen leblosen Körper in einer lackierten Holzkiste zu begraben. Nein, das konnte das Leben so nicht vorgesehen haben. Aber wer sollte es erklären? Konnte es überhaupt irgendwer erklären?

Eben noch Unmengen von Menschen, und jetzt plötzlich war der Friedhof leer und ich saß allein da. Ganz allein – noch nicht einmal die zwei Zottelgestalten waren hier.

4

Ich war als drittes Kind in einer normalen deutschen Familie aufgewachsen. Das Nesthäkchen. Meine beiden älteren Brüder waren wohl genug „Mann" in meinem Leben. Zumindest liebte ich sie und hatte so ja auch meine Beschützer. Alles wozu andere Mädchen ihren Freund anschleppten, hatte ich meine Brüder. Das war oft viel unkomplizierter. Außerdem durfte ich schon mit 15 Jahren länger weg, vorausgesetzt ich war mit meinen „Großen" unterwegs. Jeder wusste, wie cool das war, als Teenager extra lange weg bleiben zu dürfen. Wozu also diesen „Lover-Stress"? Meine Eltern waren nicht reich, aber sie ermöglichten uns allen Dreien, dass wir eine sehr gute Schule besuchten und die Ausbildung konnten wir ohne irgendwelche Dauerjobs oder Nebenbeschäftigungen überstehen. Dafür dankte ich ihnen sehr. Unsere Mutter gab uns herrliche Lebensweisheiten mit auf den Weg. Oft machten wir uns darüber lustig aber ganz inoffiziell musste ich mir eingestehen, dass sie einfach Recht behielt und ihre Ratschläge auch Anwendung in meinem Leben fanden.

Ein mäßig bezahlter Job in einem großen Automobilkonzern ermöglichte mir ein normales Leben. Ich hatte wenig Zeit und war ständig am Sparen auf irgendwelche Dinge, wie meine Wohnungseinrichtung, oder mal ein Urlaub. Trotzdem war ich eigentlich mit mir und meinem Leben ganz zufrieden. Wer konnte das schon von sich sagen? Nach einigen Jahren hatte ich mir eine Position erarbeitet, für die andere weiß Gott was getan hätten. Ich war arbeitssüchtig und ich glaube, ich war es gern. Diese Arbeit war wie geschaffen für mich. All meine Kraft und Energie steckten darin. Meine Ideen und zum Teil meine Träume konnten in den Plänen verwirklicht werden. Für mich eine Definition von Glück. Ich war mir eigentlich immer selbst genug. Wo hätte man in meinem Leben einen Mann unterbringen sollen? Einer der mich liebte und so nahm wie ich war? Der keine Katzenallergie hatte. Der mich nicht in seinem Harem als Zweit oder Drittfrau einfügen wollte? Zu dem ich aufschauen konnte und der mich beschützte? Liebe und Sina in einem Satz, das konnte nicht funktionieren – zumindest nicht dauerhaft. Es war mir immer völlig klar, dass dieser Anspruch von mir selbst – nicht in die reale Welt umzusetzen war. Manchmal hatte ich mir schon einen lieben Mann gewünscht. So zum Kuscheln, schmusen. Zum abends lange Gespräche führen und Pläne für die Zukunft zu schmieden. Dann war mir aber auch immer klar, dass ich gar nicht der Typ Mensch war, der es mochte, wenn die Zukunft so genau geplant wurde. Mir gefiel es immer ganz gut, die Dinge einfach auf mich zukommen zu lassen. Manchmal ergaben sich daraus ganz tolle Gelegenheiten und manchmal wurde ich aufs übelste überrascht. Meine vermutlich größte Schwäche war meine Bequemlichkeit. Ich hatte einfach keine Lust, mich abends in Schale zu werfen, wenn ich in derselben Zeit auf meinem Sofa in meinem Nikihausanzug, ungeschminkt sitzen konnte, und mir einen Becher Vanilleeiscreme gönnte. Ich dachte immer, wenn es die Liebe für mich vorgesehen hat, dann wird sie mich auch finden. Das war wahrscheinlich blöd von mir – was soll's. Ich spürte das Leben auf meine Art und ich liebte es in jedem bewusst erlebten Lebensabschnitt.

Neben mir tauchte wieder eine dieser komischen Gestalten auf: „Na, sind sie jetzt alle weg?", fragte es. Ich schaute nach unten und zuckte zustimmend mit der Schulter. „Ich bin sehr verwirrt", versuchte ich ein Gespräch zu beginnen. „Liebe Sina, ich kann es dir nicht erklären. Aber glaube mir, mit der Zeit werden sich viele deiner Fragen von selbst beantworten. Du bist in einer Phase, in welcher sich die Dinge langsam aber sicher aufklären und auch du wirst bald erfahren, was geschehen ist. Sei ein klein wenig geduldig. Ich weiß, wie schwer das alles für dich sein muss, aber es ändert nichts an deiner Situation. Vieles scheint jetzt ganz anders, als es in Wirklichkeit ist. Niemand wird sich je daran erinnern können. Du später auch nicht", waren die Erklärungen. „Ich fühle mich so alleine", jammerte ich. „Du bist nicht alleine. Alles was dir hier wie eine Ewigkeit erscheint, ist nur ein Moment. Ich kann dich immer wieder nur darum bitten, dich in Geduld zu üben", war die Abschlußerklärung, bevor ich wieder alleine da saß. Dann ein Geräusch, das einem Grollen eines annähernden Gewitters glich. Dieser Ton hatte etwas Mächtiges, angsteinflösendes und dauerte zum Glück nur einen Moment. In Sekundenschnelle war ich an einem anderen Ort. Ich saß an der Decke des „alten Schwanen" in Ulm. Das war das Lieblingslokal meiner Eltern. Der Wirt des alten Schwanens war ein guter Freund meines Vaters. Hier wurde wohl der Leichenschmaus abgehalten. Es konnte nicht sein, dass es nach meiner Beerdigung einen Leichenschmaus gab. Das Schlimmste was einem Verstorbenen angetan werden konnte, war so ein Zusammentreffen. Wie überall gab es hier, die Neugierigen, die Schmarotzer und ganz zum Schluss die wirklich ernsthaft Trauernden. Eine widerliche Tradition. Ich setzte mich neben meine Mutter und hielt ihre Hand. Ihre Hand zitterte, ihr Gesicht war aufgequollen von den vielen Tränen und fast farblos. So kannte ich sie nicht und ich wollte das auch nicht. Neben ihr saß Bettina. Auch sie sah sehr fremd aus. Kein Ton kam aus ihr raus und immer wieder wurde sie von Heulkrämpfen geschüttelt. Was machte der Tod für einen Sinn? Warum tat er denen die übrig blieben so sehr weh? Ich hörte wie meine Mutter sagte: „Ich kann meine Kleine immer noch spüren, ich kann ihre Stimme hören und ich rieche sie, ich könnte meinen, sie sei hier". Dann strich sie sich über den Arm, als wenn sie eine Fliege verjagen wollte. Mir war klar, dass sie mich nicht hörte, und auch meine Berührung nicht spürte. Sie starrte ins Leere, wirkte sehr zerbrechlich. Meine Mutter so voller Trauer zu sehen war kein schöner Anblick. Ich liebte diese Frau so sehr, dass mich dieses Szenario bis ins innerste erschütterte. Immer noch war ich aber zu keinerlei Gefühlsregungen imstande. Normalerweise würde ich jetzt heulen, schreien oder sonst irgendwelche Gefühlsausbrüche bekommen – aber nichts der Gleichen geschah. Mein Paps saß auf der anderen Seite des Tisches bei meinen Brüdern. Auch dieser Anblick war gnadenlos. Wie gern hätte ich sie in den Arm genommen und April-April gerufen. Für einen Aprilscherz im September war die Angelegenheit jedoch viel zu makaber. Ich verließ den „alten Schwanen", und draußen kam mir dann eine dieser zotteligen Gestalten entgegen. „Bitte erklär es mir", bat ich sie. „Sag mir was ich tun muss, ich finde mich nicht zurecht", bettelte ich weiter. „Du bist sehr abrupt in unsere Welt eingetreten, es wird noch etwas dauern, bis du hier richtig angekommen bist. Habe Geduld – Zeit hast du bis in alle Ewigkeit. Wir müssen dich erst noch richtig zuordnen. Das dauert bei ungeplanten Eingängen länger, als wenn man mit Ankündigung zu uns kommt". Mit diesen Worten war die Gestalt verschwunden. Du doofes, mal bin ich hier und mal nicht, Wesen. Was sollte ich tun, was denken und was fühlen? Wer tat mir das alles an und warum? Ich bekam keine Erklärung auf all meine Fragen. Ein unerträglicher Zustand. Ich schwebte zwischen den Welten und Zeiten und das alles mit nur einem Schuh. Diese Sache war einfach zu blöd!

5

„Sie haben Post!" meldete die elektronische Stimme aus meinem Laptop. Ich setzte mich an meinen Schreibtisch und öffnete die eingegangene Email. In großen Lettern las ich:

„Guten Morgen, mein Zauberengel. Es verspricht heute ein herrlicher Tag zu werden. Was meinst Du, sollten wir unser monatelanges virtuelles Verhältnis in die wahre Welt bringen und uns endlich kennen lernen? Es ist nur ein Vorschlag oder sagen wir mal ein Wunsch von mir. Was hältst Du davon?
Herzliche Grüße"

Oh nein, mein lieber Paul, mit welchem ich wunderschöne E-Mails schrieb, wollte mich nun kennen lernen. Das war so nicht ausgemacht. Wir wollten doch auf immer und ewig ein Paar über die Stromleitungen bleiben. Warum wollte er mich jetzt kennen lernen? Und warum so schnell und auch noch gleich heute? Ich klappte das Display meines Laptops zu und ging erst mal eine Runde in meiner Wohnung hin und her. Mein Zeigefinger strich über das Bücherregal. Oh, abstauben solltest du mal – liebe Sina Taler, war die Antwort meines Gehirns, nachdem es vom Augenzentrum auf den grauen Finger hingewiesen wurde. Dann schnappte ich mir „Weiße Pfote" und entschloss mich erst einmal mein Haustier zu verknuddeln. Sein gleichmäßiges Schnurren brachte mir etwas meiner so geliebten Ruhe zurück. In Gedanken las ich immer wieder diese Zeilen. Auf der einen Seite war ich natürlich auch neugierig. Auf der anderen Seite hatten wir eine Abmachung. Wir hatten uns nur geschrieben, wie wir aussehen würden. Noch nicht einmal ein Bild hatten wir geschickt. Weil wir sicher waren, dass jeder von uns sowieso mogeln würde. Stattdessen wurden Vergleiche mit Schauspielern, Sängern oder anderen berühmten Personen heran gezogen. Er schrieb mir damals, er würde aussehen wie Tom Cruise, nur größer und ein bisschen hässlicher. Naja, solange er nur ein bisschen hässlicher war, dachte ich bei mir, würde er mir dann vielleicht doch ganz gut gefallen. Ich schrieb daraufhin, dass ich eine Ähnlichkeit mit Cameron Diaz hätte. Wobei dieser Vergleich wirklich sehr entfernt war. Aber immerhin trugen wir zum Zeitpunkt meiner Behauptung dieselbe Frisur. Wenn ich mein Spiegelbild betrachtete, sah ich eine rotbraune schlanke Frau mit ein paar Sommersprossen auf der Nase. Keine außergewöhnlichen Besonderheiten und das auf 1,70 m verteilt. Aber das war ja nun alles egal. Mein „Sie haben Post-Freund", welcher sich im Netz „Mr. Mysterie" nannte, wollte mich nun kennen lernen und er wartete jetzt bestimmt auf eine Antwort. Mein Kater maunzte und gab mir zu verstehen „genug geknuddelt", dann sprang er von meinem Schoß und machte es sich auf unserem Sofa bequem. Paul und ich waren zufällig aufeinander gestoßen. Er schrieb mir eine E-Mail, die gar nicht für mich bestimmt war. Ein Tippfehler machte uns somit miteinander bekannt. Er wollte einen a.taler anschreiben und hatte s.taler erreicht. Zwei nebeneinander liegende Buchstaben auf der Tastatur spielten somit Schicksal. Ich schrieb ihm damals zurück, dass ich wohl nicht die Person sei, die er eigentlich anschreiben wollte und damit begann unser jetzt schon 4 Monate andauernder Schriftverkehr. Es wurde zu einem täglichen Ritual. Ich wusste, dass sich das total verrückt anhören musste. Mit jemandem über Monate E-Mails zu schreiben, ohne zu wissen, wer da am anderen Ende saß. Aus diesem Grund war es mein Geheimnis. Nicht einmal Bettina wusste davon. Das machte es für mich richtig spannend – eine erwachsene Frau hat ein Geheimnis.

Ich setzte mich an meinen Laptop, klappte das Display wieder nach oben und schrieb:

„Hallo Paul! Warum nennst Du Dich im Netz eigentlich Mr. Mysterie? Das hört sich so unpersönlich an. Ich wünsche Dir auch einen wunderschönen guten Morgen. Du hast

sicherlich Recht, dieser Tag scheint ein sehr schöner zu werden. Hat sich der Wetterfrosch mal wieder geirrt. Als ich gestern die Nachrichten verfolgte, wurde Regen vorausgesagt und nun können wir uns an makellos blauem Himmel erfreuen. In meinem nächsten Leben werde ich Wettervoraussager. Da darf man sich irren, ohne dass einem die Menschen böse sind. Wird es besser als man es gesagt hatte, freuen sich alle. Wird es schlechter, macht es auch nicht wirklich etwas aus. So nun haben wir aber genug über das Wetter gesprochen. Was ist los mit Dir? Warum hast Du Deine Meinung geändert und willst mich nun doch real kennen lernen? Glaube mir, keiner kennt mich besser als Du. Ich habe Dir in den vergangenen Monaten so viel von mir anvertraut, wie noch keinem anderen Menschen auf dieser Erde. Es ist doch völlig egal, wie ich aussehe oder wie sich meine Stimme anhört. Ich würde unsere Beziehung gerne so lassen, wie sie jetzt ist. Wünsche Dir einen tollen Tag. Dein Zauberengel!"

Den Namen Zauberengel verpasste mir Paul. Er meinte, dass er mein Wesen spiegeln würde. Ich empfand es als Kompliment und erlaubte ihm, mich so zu nennen. Dies verlieh unserer geheimen Bekanntschaft etwas Mystisches.

Es vergingen keine fünf Minuten, als ich den Piepton hörte und meine elektronische Freundin meinte: „Sie haben Post!"

„Entschuldige meinen Überfall. Weißt Du Zauberengel, ich bin die Tage durch die Straßen gegangen und dachte so bei mir, wenn Du jetzt an mir vorbei gehen würdest, wüsste ich es noch nicht einmal und irgendwie gefiel mir dieser Gedanke gar nicht. Ich hatte plötzlich den sehnlichen Wunsch, Dich richtig kennen zu lernen. Ich würde Dich gerne einmal im Arm halten. Deine Stimme hören und mit Dir spazieren gehen. Unsere eMail-Gespräche in Echt führen. Bei einem Spaziergang oder einem Glas Rotwein. Deinetwegen würde ich sogar Spätburgunder trinken. Wie findest Du diesen Gedanken? Mr. Mysterie bin ich natürlich nur für Fremde, nicht für Dich – wir kennen uns doch schon viel zu gut!"

Ich war sehr irritiert über diese Zeilen. Es schien mir ein Wandel mit Paul passiert zu sein. Er legte immer sehr viel Wert darauf, dass unsere Beziehung geheim war. Er mochte den besonderen Zauber unserer außergewöhnlichen Freundschaft. Am Anfang musste ich sogar eine Art Schwur ablegen, dass unsere Nachrichten absolut diskret und vertraulich behandelt werden und dass keine dritte Person jemals seine Nachrichten sehen durften. Das fand ich schon etwas verrückt – aber das war die Zeit in der wir lebten. Eigentlich dachte ich immer, er sei verheiratet und machte dieses ganze auf Geheim und virtuelle, weil wir uns im echten Leben gar nicht lieben durften. Er war mit Sicherheit nicht frei. Mir war das nicht wirklich wichtig, es war so wie es war einfach ok für mich, und es machte mich glücklich, diesen „Sie haben Post – Ton" zu hören. Außerdem waren die Bedingungen unserer Stromleitungsfreundschaft von mir festgelegt worden. Wir erzählten uns, was wir tagsüber so alles erlebten. Wer uns ärgerte und wer uns erfreut hat. So konnte man wunderbar über Kollegen lästern, ohne dass jemandem wehgetan wurde. Wenn es was Neues gab, z. B. auf dem Weg zur Arbeit, dann schrieben wir uns das und manchmal entdeckten wir am selben Tag dieselben Dinge. Ein Werbeplakat, welches neu aufgehängt wurde und unser Interesse weckte. Dann ging man am nächsten Tag mit ganz anderen Augen an dem Plakat vorbei. Eben mit dem Gedanken, dass er hier auch entlang musste und es sehen konnte. Zwischendurch regte mich der Gedanke, dass er vielleicht ganz in meiner Nähe sein könnte, schon an. Ich erwischte mich dabei, wie ich um mich herum die Leute genau ansah. Immer mit der Frage „Würde ich ihn wohl erkennen?" Vermutlich würde ich es nicht. Es waren angenehme Gedanken, die ich mit ihm verband.

Manchmal schrieben wir uns Witze oder Gedichte, und ich für meinen Teil kann behaupten, dass ich oft lachend vor meinen Computer saß. Wir waren beides Menschen, die allein lebten (zumindest erzählten wir uns das in unseren E-Mails) und dennoch vom Leben eingespannt waren, in beruflicher und familiärer Hinsicht. Wir genossen es, uns die Nächte mit E-Mails um die Ohren zu schlagen. Und nun wollte er das durch eine reale Begegnung beenden? Es würde nie wieder so werden, wie vorher. Ein Gedanke, der mir nicht gefiel.

Paul war in den vergangenen Monaten mein Freund, nein eher mein Vertrauter geworden. Ich fühlte mich auf eine mir fremde Weise zu ihm hingezogen. War es das neue Medium in welchem wir uns bewegten? Schließlich galt es nicht für „normal" einen Freund zu haben, den man noch nie gesehen hatte. Wir schrieben uns jede Kleinigkeit. Egal ob es wichtig oder total nebensächlich war – ich hatte ständig das Bedürfnis, ihn daran teilhaben lassen zu wollen. Einmal hatten wir sogar per E-Mail miteinander gekocht. Das war zum totlachen. Die Zutaten wurden durchgegeben und die Art der Behandlung der Speisen auch. Danach setzte sich jeder neben seinen PC und wir aßen zusammen. Ich weiß, das musste sich für einen Menschen mit Freunden aus Fleisch und Blut, total verrückt anhören. Ich fand es einfach nur irre toll und mir würde diese Erfahrung aus heutiger Sicht fehlen. Wir lachten zusammen oder erzählten von unseren Sorgen. Paul sagte zu mir (per E-Mail): „Wenn wir unsere Ängste und Befürchtungen teilen, sind sie nur noch halb so groß, und damit nicht mehr so schwer zu verarbeiten." Ich mochte seine Einstellung zum Leben und immer – wirklich immer wenn meine elektronische Freundin sagte: Sie haben Post, schlug mein Herz ein paar Takte schneller. War ich vielleicht sogar ein kleines bisschen verliebt in Paul? Zauberengel und Mr. Mysterie – was für ein Paar? Er schrieb mir ab und zu ein Gedicht. Mein Liebling darunter war:

Ein Zauberengel im Herzen,
nimmt mir alle Schmerzen.
Ich denke an Dich
und der Tag wird glücklich für mich!
Liebe, Sehnsucht und Zärtlichkeit
soll wohnen in uns bis in die Ewigkeit!

Ich wusste, dass dies die vermutlich kitschigste Seite in meinem Innersten war, die hier zum Vorschein kam. Dennoch mochte ich es.

„Auf Wiedersehen" sagte meine elektronische Freundin. Ich entschied mich dafür, jetzt nicht zurück zu schreiben, sondern erst einmal zu meinen Eltern zu fahren. Ich hatte meiner Mutter versprochen, am Wochenende vorbei zu schauen und sie wollte mein Lieblingsessen kochen. Paul / Mr. Mysterie wird sich, wenn überhaupt, auf einen anderen Tag unseres Kennenlernens einstellen müssen.

6

„So, an was denkst du gerade?" Neben mir war
wieder eine der beiden Gestalten aufgetaucht.
„Sag du es mir, du scheinst ja alles zu wissen
und zu entscheiden", murrte ich zurück. „Oh,
du bist sauer. Das brauchst du nicht. Schwelgst
du in Träumen?" fragte das Wesen. „Sag mir
bitte endlich was passiert ist. Ich lebe und ich
lebe doch nicht!" bat ich. „Und wo ist
eigentlich mein zweiter Schuh?", brummte ich
noch hinterher. „Sei unbesorgt, es hat alles
seine Richtigkeit. Du benötigst noch ein wenig
Zeit in dieser Phase. Dein Äußeres spielt hier
keine Rolle. Es ist egal, ob du einen, zwei oder
fünf Schuhe trägst. Du brauchst sie sowieso
nicht. Es wird sich alles wie ein Puzzle fügen
und dann nehme ich dich mit", war die
Antwort. „Wohin mit?", fragte ich. „Betrachte
mich als deinen Engel und lass es einfach
geschehen", sagte es weiter. „Hör zu, ich kann
es nicht einfach geschehen lassen. Ich bin ein
rational denkender Mensch. Ich brauche eine
Erklärung für das hier. Ich war nie ein gläubiger
Mensch und an ein Leben nach dem Tod glaube
ich auch nicht. Für mich war das Sein ein
begrenztes Leben auf Erden und wenn es vorbei
ist, falle ich in einen tiefen Schlaf und das war
es. Rede bitte mit mir!", meine Stimme klang
kraftlos. Die Gestalt lächelte und meinte: „Die

Dinge sind nie so wie sie sind. Die Dinge sind das was man aus ihnen macht". Damit war sie wieder weg. Na klasse, das hatte mich nun wirklich nicht weiter gebracht. Ich hasste weiße Leintücher. Und ab jetzt hasste ich sie noch viel mehr. Gestalten die mit mir redeten und kamen und verschwanden, wann es ihnen passte, gekleidet in genau solchen Laken – das war für mich einfach zu viel. Keine Erklärung für das Alles und immer wieder diese Zeitsprünge. Wenn ich es nicht besser wüsste, könnte man annehmen ich sei plemplem.

Ich sah mich um und bemerkte, dass ich nun in meiner Wohnung war. Wie ordentlich hier alles an seinem Platz stand. Meine neuen Sachen sahen toll aus. Ab und zu kam meine Mutter zu mir nach Hause und machte Ordnung in meinem Chaos. Hier sah es jetzt so aus, als wenn es noch nicht lange her gewesen sein konnte, als sie da war. Sie hatte mir sogar Blumen auf den Tisch gestellt. Sie war die Beste. Mein Laptop blinkte aber ich konnte es nicht berühren. Ich versuchte es immer wieder, aber meine Hände gingen ins Leere. Was sollte das alles für einen Sinn haben? Ein Leben ohne ein Leben. Eine vertraute Umgebung, aber keiner hört oder sieht einen. Eine ungewisse Zeit ging ich durch alle Räume. Hier war mein Reich. Jeder Gegenstand wurde von mir gekauft oder war ein persönliches Geschenk. Zu allem gab es kleine Geschichten. Ich liebte diese Wohnung. Noch zwei Jahre und ich hätte sie komplett abbezahlt. Aber für was brauchte ich jetzt in meinem Zustand so eine tolle Behausung? Ich stand vor meinem großen Spiegel, welcher sich Hausflur befand – aber es gab kein Spiegelbild. Nur wenn ich an mir hinunter sah, konnte ich Teile von mir erblicken. Ich legte mich auf mein Bett. Mein Körper schien kein Gewicht zu haben, da es noch nicht einmal eine Falte in mein Betttuch machte, als ich so da lag. Ich schloss die Augen und eine Art Film spielte sich ab. Ein weiterer Spruch meines „Engels" ging mir durch den Kopf: „Eine Zeit liegt hinter dir, eine Zeit liegt vor dir – jetzt hast du Zeit!" Was sollten mir diese aneinander gereihten Worte sagen? Was war mit meinem Leben geschehen?

Ich hörte die Katzenklappe und „Weiße Pfote" kam angetrottet. „Hallo, mein kleiner süßer Spatz. Wo warst du denn? Komm mal her zu mir", sprach ich ihn an. Das Tier reagierte nicht. Als ich näher heran ging, fing der Kater an zu fauchen. Dann noch ein klägliches Miau in Richtung Fressnapf. Oje – das Tellerchen war leer. Armes Tier. Frauchen ist zwischen den Welten und keiner da, der das Futter auffüllt. Meine Mutter kam frühestens zum nächsten Wochenende wieder. Kam sie überhaupt wieder? Sie hatte mich doch eben beerdigt. Mir war klar, dass sich „Weiße Pfote" bestimmt bald ein neues Zuhause suchen würde. Das war bei Katzen schon immer so. Die sind nicht wirklich treu. Ein gefüllter Fressnapf, Knuddeleinheiten und so eine Pelznase zieht aus. Naja, daran konnte ich nun wirklich nichts ändern. Dennoch hoffte ich darauf, dass „Weiße Pfote" wenigstens ein schönes neues Zuhause finden würde. Ich lies mich wieder auf mein Bett fallen und versuchte meine Gedanken zu sortieren. Wo sollte ich anfangen?

Wieder eine kleine Zeitreise und ich stand mitten in meinem Büro. Claudia, meine Kollegin saß auf meinem Bürostuhl und räumte meinen Schreibtisch aus. Sie legte alle Sachen in einen Karton. Ich setzte mich auf die Schreibtischkante und beobachtete dieses Treiben. Claudia weinte und schüttelte immer mal wieder mit dem Kopf. Sie hielt einen kleinen Teddybären in der Hand. Den hatten wir bei unserem letzten Betriebsausflug bekommen. Sie strich dem Bären über die Nase und eine Träne kullerte ihre Wangen entlang. Claudia war meine engste Kollegin, und ein bisschen auch meine Freundin. Nicht wie Bettina aber trotzdem Freundin. Wir waren lange Zeit per Sie miteinander aber unser Verhältnis war so gut, dass wir uns dann immer öfters duzten und irgendwann ließen wir das Sie einfach weg. Ohne dieses offizielle ab jetzt sind wir per Du Getue. Die Chemie passte von Anfang an. Als mein Chef das Zimmer betrat meinte sie: „Es ist so unglaublich. In mir krampft sich alles zusammen, Frau Talers, ähm Sinas Sachen auszuräumen. Immer wenn das Telefon klingelt, höre ich wie sie sich meldet mit ihrer fröhlichen Stimme. War sie doch erst vor kurzem hier her in dieses Büro gezogen. Dieser Platz war wie für sie geschaffen. Als wir bei diesem Forum in München waren, hatte sie so viele Ideen aufgeschnappt, die sie alle unbedingt umsetzen wollte. Es kann nicht sein, dass sie nie wieder kommt. Das kann der liebe Gott doch nicht ernsthaft so gewollt haben". Kurzes Schweigen. „Ich werde die Sachen am Wochenende zu den Talers aufs Land bringen". Der Chef strich ihr leicht über die Schultern, nickte Claudia zu und verließ ohne ein Wort das Büro. Oje, die Leute taten mir alle so undenkbar leid. Ich wollte nicht, dass sie meinetwegen so traurig waren. Ändern konnte ich daran aber nichts.

7

Als ich von meinen Eltern wieder nach Hause kam, schaltete ich direkt meinen Laptop ein. Ich wollte es mir gerade auf meinem Sofa gemütlich machen, als ich meine elektronische Freundin hörte: „Sie haben Post". Ich schob den Deckel meines Laptops etwas weiter nach hinten und erblickte eine Nachricht von Paul:

Hallo Zauberengel. Melde Dich doch mal! Es ist Sonntag und superschönes Wetter. Ich wollte Dir vorschlagen, dass wir uns heute auf dem Ulmer Münster treffen. Sagen wir um 14.00 Uhr? Lg Paul

Ich schrieb zurück:
Hallo Paul. Sorry – aber heute geht gar nicht. Bin gerade erst von meinen Eltern zurückgekommen. Außerdem habe ich mir vom Büro noch Arbeit mit nach Hause genommen und muss das unbedingt bis morgen fertig haben. Ich könnte mir vorstellen, dass ein Treffen mit Dir – meinen Ablauf durcheinander bringt. Wir haben doch noch alle Zeit vor uns. Es läuft uns doch nichts davon! Lass es uns auf ein anderes Mal verschieben. Nicht böse sein. Lg ZE

Paul:

Aha, Du willst mich also nicht in Deine wirkliche Welt schauen lassen. Kein Termin wird Dir recht sein. Warum? Ich hatte mir eingebildet, Dich auch neugierig gemacht zu haben. Schade, Du hättest mir einen großen Wunsch erfüllt. So werde ich wohl ewig im ungewissen bleiben müssen und an fremden Frauen vorbei gehen, immer mit dem Gedanken, dass eine von denen mein Zauberengel ist – schade.

Er versuchte mich mit seiner nächsten Nachricht in die Enge zu treiben. Wie konnte ich das jetzt umgehen ohne ihn vor den Kopf zu stoßen? Ich konnte ihm ja unmöglich sagen, dass ich einfach nur angst hatte. Zu blöd, Sina Taler ist 36 Jahre alt und traut sich nicht, eine Verabredung anzunehmen.

Ich schrieb zurück:

Hey, sei nicht eingeschnappt. Das hat überhaupt nichts damit zu tun, dass ich Dich nicht in mein echtes Leben blicken lassen möchte. Ehrlich gesagt, hat mich Deine Kennenlernversion schon etwas aus der Fassung gebracht. Du bist mein Freund, der mit mir über die Stromleitungen verbunden ist. Ich schreibe Dir jeden Tag. Du kennst jeden Gedanken von mir. Du weißt, was mir im Leben gefällt und vor was ich mich fürchte. Was denkst Du, wie sehr Du mir fehlen wirst, wenn das so nicht mehr existent sein wird? Was wenn unsere Freundschaft nur über die Kabel funktioniert? Dann wäre das Schöne, was wir uns aufgebaut haben, kaputt. Wir sollten das alles genau planen und überdenken. Bitte nicht traurig sein! Aber bitte habe etwas Verständnis für mich!

Paul:
Mein Zauberengel – Du bist einfach süß. Ich will Dich doch nur kennen lernen. Klar weiß ich viel über Dich. Zumindest weiß ich das, was Du mir über Dich gesagt hast. Du bist auch mit Sicherheit die erste Frau die ich kenne, bei der sogar der Staubsauger einen Namen trägt. Aber in mir brennt der Wunsch, mein Bild von Dir zu vervollständigen. Ich will es mit eigenen Augen sehen. Meine eigenen Gedanken dazu haben. Meine eigene Meinung dazu bilden. Geht es Dir nicht genauso? Wir können uns doch danach immer noch schreiben. Stell Dir vor, wie schön das ist, wenn man dann genau weiß, wie der auf der anderen Seite der Stromleitungen aussieht. Macht Dich dieser Gedanke nicht an? Was sollte sich denn ändern? Oder bist Du gebunden und hast mich die ganze Zeit belogen? Jetzt kannst Du nicht weg, weil Du nicht weißt wie Du es Deinem Mann und vielleicht sogar Deinen Kindern beibringen sollst. Erwischt oder?

Was dachte dieser Typ von mir? Wo sollte ich denn einen Mann und Kinder her zaubern? Manchmal liegen die Dinge einfacher als man denkt. Auf den Gedanken, dass ich ihm gar nicht gefallen könnte und er eine lebensverändernde Enttäuschung erleben könnte, kam er gar nicht.

Ich schrieb zurück:

Du spinnst! Ich habe keinen Mann, keinen Freund und schon gar keine Kinder. Es ist meine Entscheidung und keine Rechtfertigung vor irgendjemandem. Nur „Weiße Pfote" darf mitentscheiden und von ihm habe ich Dir auch schon alles geschrieben, was man über eine 7 Kilo schwere Miezekatze schreiben kann. Klar, geht es mir auch so. Ich habe mir schon tausend Mal vorgestellt, wie Du aussehen könntest. Wie sich Deine Stimme anhören mochte. Ich hatte einfach nicht damit gerechnet, dass Du mich jetzt kennen lernen möchtest. Gib mir ein wenig Zeit um mich an den Gedanken zu gewöhnen – bitte!

„Sina Taler, du bettelst und rechtfertigst dich", hörte ich meine innere Stimme sagen. Mein Kreislauf drohte Probleme zu machen. Ich fror und schwitzte gleichzeitig. Meine Hände waren eiskalt, mein Herz klopfte. Es wurde mir klar, dass es sehr schwer sein würde, aus dieser

Sache raus zu kommen. Dennoch hoffte ich, Zeit zu gewinnen.

Paul:
Wie könnte ich Dir etwas abschlagen? Bis dann mein Zauberengel! Meine Gedanken gehören alleine Dir! Dein Freund

Danke, lieber Gott, dass du mein Gebet erhört hast. Paul zeigte sich nun doch gnädig und bestand nicht darauf, dass wir unser kennen lernen sofort realisierten. Zufrieden ging ich in die Küche und öffnete eine Flasche Spätburgunger Rotwein. Nach zwei, drei Schlucken stimmte sich auch mein Kreislauf wieder besser. Meine Hände wurden wärmer und mein Herz klopfte nicht mehr bis zum Hals. Ich füllte den Fressnapf von „Weiße Pfote", der gerade um meine Beine streifte und meinte: „Na Süßer, da haben wir gerade noch mal die Kurve gekriegt. Er ist bestimmt nett und er mag Katzen. Den schauen wir uns auf jeden Fall mal an, was meinst du"? „Weiße Pfote" maunzte unbeteiligt und machte sich über sein Futter her. Dann griff ich zum Telefonhörer, um meinen Eltern zu berichten, dass ich wieder heil zu Hause gelandet war. Das war eine Uralttradition. Ich wusste, dass wir dieses Ritual auch noch machen würden, wenn ich alt und grau bin. Immer der, der wegfuhr, meldete sich nach Ankunft. Auch das brauchte ich für die Ruhe in meinem Leben – Rituale.

Eine Stunde später:
Mein Laptop piept: Sie haben Post!

Paul:
Hallo Zauberengel!!!
Hast Du schön gearbeitet? Es ist 13.00 Uhr. Wenn Du Dich inzwischen mit dem Gedanken eines Kennenlernens angefreundet hast, könnten wir es immer noch schaffen, uns um 14.00 Uhr zu treffen. Kein Mensch sollte an so einem herrlichen Tag in der Bude sitzen und arbeiten. Da muss man raus und unter die Leute!! Gib Dir einen Ruck. Für MICH!!!!

Oh nein, das durfte doch jetzt nicht wahr sein. Der wollte einfach nicht aufgeben. Sina, jetzt musst du erst mal cool bleiben, waren meine Gedanken. Sollte ich mich „abwesend" stellen. Einfach so tun, als wenn ich diese Nachricht nicht gelesen hätte? Paul hatte jedoch diesen Nachrichtenmanager eingerichtet, der Meldung macht, wenn der andere die Nachricht angenommen hat. Somit empfand ich mein Laptop als Verräter und fühlte mich in die Enge getrieben. Noch ein Schluck Rotwein, noch 2- bis 8-mal tief einatmen, dann setzte ich mich vor meinen Computer. Eigentlich empfand ich es als untragbar, um diese Tageszeit schon

Alkohol zu konsumieren – aber in diesem Fall diente er rein medizinischen Zwecken und verhalf meinem Kreislauf ruhiger zu werden.

Ich schrieb zurück:

Du bist aber hartnäckig! Das zeigt mir, dass Du es tatsächlich ernst meinst. So wirklich verstehen kann ich Dich nicht. Vielleicht ein bisschen. Ich mag es nicht, wenn meine Entscheidungen von jemand anderem gefällt werden und ich fühle mich bedrängt. Jedoch fühle ich auch eine Neugier in mir hoch steigen, welche das Chaos meiner jetzigen Gedanken nicht besser macht. Du lässt mir keine Wahl. Glaub mir, wir werden es bereuen!! Da ich mich von nun an nicht als Spielverderber abstempeln lassen möchte, sage ich einem Treffen zu. Muss sowieso die ganze Zeit daran denken. Aber um 14.00 Uhr kann ich noch nicht. Sagen wir um 15.30 Uhr? Nimm diesen Termin an, bevor ich es mir noch einmal anders überlege. LG

Ich wusste, dass im September eine Turmbesteigung bis 17.45 Uhr möglich war. Zumindest war das früher so. Da in Ulm Veränderungen nicht von heute auf morgen gingen, musste es auch heute noch so sein. Wenn wir uns also um 15.30 Uhr da oben trafen, konnten wir noch genug Zeit verbringen, um gemeinsam und in aller Ruhe wieder abzusteigen. Ich fand seinen Vorschlag, uns auf dem Ulmer Münster zu treffen sehr nett. Es war mein persönliches Lieblingsbauwerk, außerdem konnte ich es von meinem Wohnzimmer aus sehen. Ich wusste, dass man 768 Stufen gehen musste, um dann auf der Aussichtsplattform, welche 141 Meter in der Höhe lag, anzukommen. Wie oft hatte ich diese Stufen gezählt und war völlig ohne Atem und überglücklich oben gestanden? Es schmeichelte mir, dass er erst so einen anstrengenden Anstieg auf sich nehmen wollte, um mich zu treffen. Außerdem war es Jahre her, dass ich dieses monströse Gebäude, welches im 14 Jahrhundert begonnen wurde zu bauen, betreten hatte. Das musste ich ihm lassen, er lockte mich aus meinem Versteck. Hatte ich ihm je davon geschrieben, dass ich das Münster besonders gern mochte? Erinnern konnte ich mich daran auf jeden Fall nicht. Aber ich erinnerte mich daran, wie ich als 16jährige mit Bettina auf dem Münster war und wir hatten Wunschzettel für die Zukunft geschrieben. Dann sind wir wie die Verrückten auf den Turm gestiegen und ließen unsere Zettel in die große weite Welt fliegen. Damals schworen wir uns, dass wir immer Freundinnen bleiben würden. Egal, ob wir verheiratet waren oder mit wem wir zusammen lebten, und wo unsere spätere Heimat liegen würde. Bis jetzt hatten wir unser Versprechen zumindest problemlos halten können.

Seine Antwort:

OK - natürlich nehme ich diesen Termin an. Wäre ja bescheuert, wenn ich das nicht täte! Freue mich. Puh, jetzt bin ich aber aufgeregt. Hatte schon nicht mehr daran geglaubt, dass Du doch noch ja sagst. Man darf das Hoffen eben nie aufgeben. Werde einen roten Pullover tragen. Du weißt ja, Tom Cruise in etwas größerer und hässlicherer Version. Gilt bei Dir noch Cameron Diaz?

Seine Beschreibung war schon sehr nett. Tom Cruise größer und hässlicher. Da war ich natürlich sehr gespannt, was da später vor mir stehen würde.

Meine Antwort:

Naja, eine Mischung aus Cameron Diaz, Julia Roberts, René Zellweger und Mickey Mouse würde die Beschreibung eher treffen. Du kannst es Dir aussuchen. Und sag später nicht, ich hätte Dich nicht gewarnt. Vermutlich erlebst Du heute die Enttäuschung Deines Lebens. Aber Du willst es ja unbedingt so. Ich schlage vor, wir treffen uns beim höchsten Turm und ich trage auch einen roten Pullover. Wenn ich oben angekommen bin, werde ich dreimal hüsteln und als Antwort musst Du das auch tun, dann werden wir uns schon erkennen. Falls ich Dir zu hässlich bin, lauf einfach weg und tu so, als wenn ich nicht gekommen wäre. Bis später dann! LG

Ich drückte auf SENDEN und mein Herz klopfte, als hätte ich einen Marathon hinter mir. Machte ich jetzt einen Fehler?

Noch eine Nachricht von ihm:
Das mit dem umdrehen, falls zu hässlich gilt für Dich aber auch. Wenn ich Dir gar nicht gefalle, gehe einfach weiter. Aber ich hoffe natürlich schon, dass ich Dir ein ganz klein wenig gefalle. Schließlich freue ich mich so sehr, Dich endlich kennen zu lernen. Bis später mein Zauberengel!

So, nun war es also soweit gekommen. Ich würde ihn tatsächlich richtig und in Echt kennen lernen. In mir war es wie bei einem Sturm. Angst, Freude und ein bisschen ein mulmiges Gefühl wohnten in mir. Dann das typisch weibliche Problem: Was ziehe ich an? Wieso will ich auch einen roten Pullover tragen? Ich hatte doch nur so ein altes total verformtes Ding im Schank. Was sollte ich mit meinen Haaren machen? Hochstecken, offen lassen, glatt föhnen oder doch eher lockig? Ich hatte jetzt keine Zeit um Franco's Dienste in Anspruch zu nehmen und zudem war es Sonntag. Sollte ich ein Make-up auflegen oder war das dann zu viel des Guten? Mein Gott, ich

81

wollte mich nie wieder auf so eine Problematik einlassen und nun steckte ich schon voll drin im Schlamassel. Ein Date mit einem Fremden, der doch gar nicht mehr so fremd war. Was wenn ich ihm nicht gefallen würde? Meine Gedanken machten Purzelbäume: Sina du machst einen Fehler, Sina alles ist gut, Sina lass es sein, Sina...! Sina Taler, dachte ich bei mir. Das war mein Leben und nun kam mal richtig Schwung in dieses Dasein. Ich stellte mir meine Mutter vor, wie sie mich daran erinnerte an Heirat, Haus und Kind. Oje, Mam, wenn du wüsstest, was du für eine durchgeknallte Tochter hast, dann würdest du dir wünschen, ich würde noch mehr Überstunden machen, damit ich nicht so viel Zeit für Blödsinn habe. Meine Mutter wäre bestimmt geschockt gewesen, hätte sie gewusst, dass ich mich monatelang mit einem Mann über Computer unterhalten hatte und dann auch noch einem Blinddate auf dem Ulmer Münster zustimmte. Sie würde den Glauben an die Menschheit verlieren. Das Leben sollte so verlaufen wie bei meinen beiden Brüdern. Man lernte jemanden kennen. Verlobte sich nach einer Weile, dann wurde geheiratet und gleich danach purzelten die lieben Kinderlein. Irgendwann mit Mitte 30 war man dann stolzer Besitzer eines Reihenhauses und wartete auf das Ende seiner Tage. Mark und Robin hatten alle Kriterien erfüllt, nur mit den Enkeln ließen auch sie sich Zeit. Dafür hatten sie tolle Jobs, prima Frauen, Haus und Hof, wie sich das gehörte. Aber nicht mit Sina Taler. Ich wusste immer, dass ich auf diese Welt gekommen war, um es anders zu machen. Jetzt war es anders.

Meine Gedanken wurden vom Klingeln des Telefons unterbrochen. Bettina war dran und wollte mich für ihre Geburtstagsparty am kommenden Wochenende einladen. Sie meinte: „Du kannst auch gerne einen Herz-Buben mitbringen, wenn es einen gibt". Ich konnte ihr Grinsen im Gesicht förmlich hören. „Meine liebe Bettina, du wirst es glauben oder nicht. Aber in wenigen Minuten werde ich mich tatsächlich mit einem Mann treffen. Sollte er mir gefallen, bringe ich ihn mit" entgegnete ich meiner Freundin. „Wie, sollte er dir gefallen?", war Bettinas Frage. „Du triffst dich mit ihm und weißt nicht ob er dir gefällt?" Nun hörte ich das riesen Fragezeichen in ihrem Gesicht. Ich fühlte mich nun in Erklärungsnot. In kurzen Sätzen schilderte ich ihr, meine Freundschaft zu Paul und das nun der Zeitpunkt gekommen war, ihn endlich zu treffen. Bettina hörte mir gespannt zu. Sie war etwas enttäuscht darüber, dass ich in keinem Zeitraum davor von „meinem Freund" berichtet hatte. Aber gefallen hatte ihr diese Geschichte trotzdem. Sie fügte hinzu: „Sina, das ist wirklich wieder mal typisch für dich. Einen ganz normalen Mann, auf ganz normalem Wege kennen zu lernen – wäre für dich zu banal. Ich wünsche dir, dass du dich bis über beide Ohren in diesen mystischen Mann verliebst, und er dich bis ans Ende deiner Tage glücklich macht!" Ich musste ihr versprechen, vorsichtig zu sein und sie unbedingt auf dem Laufenden zu halten. Dann wünschten wir uns gegenseitig einen schönen Abend und das Telefonat war beendet.

Nachdem sich mein gesamter Inhalt meines Kleiderschrankes im ganzen Schlafzimmer verteilt hatte, entschied ich mich für meinen roten Cashmir-Pullover, eine Bluejeans und rote Turnschuhe. Meine Haare hatte ich glatt geföhnt und ein wenig Make-up aufgelegt. War das jetzt Cameron Diaz, Julia Roberts, René Zellweger oder doch eher Mickey Mouse? Jetzt war es egal, weil aus diesem Aussehen nichts mehr Besseres werden konnte. Entweder er mochte es oder nicht. Dann fuhr ich mit der Bahn in die Innenstadt und machte mich auf den Weg zum Münster. Der Himmel gab Grollgeräusche von sich, als wenn ein großes Unwetter aufziehen würde. Aber irgendwie war es anders als sonst bei Unwettern. Die Bahn stoppte abrupt und ich stieß mich am Bein. Autsch, tat das weh. Die Türe öffnete sich und schloss gleich wieder. Das Geräusch war mächtig, fast zu mächtig, und mein Bein schmerzte. Ich ging weiter und machte mir darüber keine weiteren Gedanken. In meinem

Kopf war nur noch die Idee, schnell zum Münster zu kommen, um meinen „Freund" kennen zu lernen. Ulm war ansonsten wie ich es kannte. Viele Leute, volle Straßenkaffees, Musiker und Künstler umrandet von Menschentrauben. Ich fühlte mich gut, bis auf mein Bein. Meine Gedanken- und Gefühlswelt ähnelten einer Achterbahn. Oh, schreck – wie waren die Öffnungszeiten des Münsters? Sommerzeit oder Winterzeit? Hatte ich vor kurzem die Termine im Kopf und war stolz darauf und nun zweifelte ich und war mit einem mal nicht mehr sicher: schließt es um 15.45 Uhr, oder um 17.45 Uhr. Naja es war September und ich glaubte mich daran zu erinnern, dass es da später zu machte. Die Hoffnung war groß, dass wir es beide schafften, zu den normalen Zeiten da hoch zu kommen. An der Kasse meinte die Dame: „Bleiben Sie bitte nicht so lange oben, wir schließen um 17.45 Uhr. Wenn Sie schnell sind, schaffen Sie es noch, einen Blick von ganz oben auf Ulm zu erhaschen. Möchten Sie ein Programmheft?" Ich lächelte die freundliche Frau an und meinte: „Danke, aber das Münster und ich sind schon ganz alte Freunde, ich brauche kein Programmheft". Dann ging ich durch die große braune, schwere Tür. War mein Gedächtnis nicht klasse? Ich ging tausende Stufen im Kreis nach oben. Sind 768 Stufen, Tausende? Nein, aber es wollte nicht enden. Mir wurde schon schwindelig und umso weiter ich hoch kam, umso öfter musste ich kleine Atempausen einlegen. „So alt bin ich doch noch gar nicht. Ein paar Stufen und ich puste wie eine alte Dampflok. Sina, du musst unbedingt wieder mehr Sport treiben", ermahnte ich mich selbst. Aber leichter gesagt, als getan. Wie oft wollte ich joggen gehen? Wie oft wollte ich mein Monatsabo im Fitnesscenter mal so richtig ausnutzen? Wie oft hatte ich mir eine Jahreskarte fürs Schwimmbad gekauft, um dann genau ein Mal dort gewesen zu sein? Wie oft behielt ich eine Jeans eine Nummer zu klein, weil ich ja bald wieder rein passte, um mir dann letztendlich dieselbe Jeans eine Nummer größer kaufte? Also an meinen Vorsätzen musste ich dringend arbeiten. Dabei war ich in all meinen anderen Dingen so konsequent.

Oben angekommen, stellte ich mich erst einmal an den Mauerrand und schnappte nach Luft. Ein Ausblick – traumhaft. Es hatte mich schon immer sehr beeindruckt, genau hier zu stehen. Es war, als ob einer die Zeit angehalten hätte. Als Kind, als Schülerin, in der Pubertät, als junge Frau – egal wann ich hier war, es war immer wie jetzt. Früher stellte ich mir immer vor, ich wäre eine verwunschene Prinzessin aus dem 15. Jahrhundert und ein mutiger Prinz würde mich auf der hohen Plattform entdecken und in sein Königreich entführen. So richtiger

Mädchenkram eben – aber schön. Ich versprach mir selbst, bis zu meinem nächsten Aufstieg nicht mehr Jahre verstreichen zu lassen. Machte mich dieser Ausblick doch jedes Mal sehr glücklich. Ein Erlebnis das sich tief in mein Gedächtnis prägte. Mit meiner Mutter war ich hier, wenn ich Sorgen hatte. Sie wusste genau, wenn ich sie darum bat, mal wieder mit mir aufs Münster zu steigen, dann gab es etwas aus der Welt zu räumen. Sie tat natürlich immer so, als wenn sie nichts ahnen würde und wartete geduldig, bis ich anfing zu erzählen. Hier oben haben wir Probleme gewälzt und Lösungen dafür geschaffen. Meine Mutter sagte immer: „Sina guck dir die Welt von hier oben an. Alles wirkt kleiner, die Sorgen auch". Wie Recht sie doch hatte. Und heute sollte es ein besonderer Ort für Zauberengel und Mr. Mysterie sein. „Sina, du bist hoffnungslos kitschig veranlagt", hörte ich meine innere Stimme sagen und zauberte mir ein Lächeln ins Gesicht. Genug der Träumerei. Meine Uhr zeigte 15.30 Uhr. Also Zeit für unser Zusammentreffen.

Ich schaute mich um. Außer mir erkannte ich auf der anderen Seite nur einen einzelnen Mann. Ich konnte nicht erkennen, ob er einen roten Pullover trug. Nicht einmal ob er jung oder alt war, groß oder klein. Er drehte sich zu mir um und bewegte sich langsam in meine Richtung. Dann hüstelte ich mich dreimal, wie vereinbart. Der Herr näherte sich, blickte mir direkt ins Gesicht. Na wenn das „Tom Cruise" war, war er aber leider doch sehr hässlich. War der Zeitpunkt gekommen – einfach zu gehen? Nein, das wäre feige. Außerdem war er schon zu nah da. Äußerlichkeiten sollten einem „Hallo" nicht im Wege stehen. Er kam auf mich zu und ich lächelte ihn an. Seine Miene war finster. Mein Instinkt verriet mir in Sekunden, dass hier Gefahr lauerte. Ich fühlte mich unwohl und bekam Angst. Ohne ein Wort, schnappte er einen Fuß von mir und versuchte mich über die Mauer zu stürzen. Ist das gemein, der war viel größer und stärker. Ich wehrte mich mit allen Kräften. Es entstand ein grauenvoller Kampf. Ich kratzte ihn, ich schlug auf ihn ein – aber leider nützte das gar nichts. Der spürte es noch nicht einmal. Er roch fürchterlich und sein Atem glich einem Röcheln. Ich schrie so laut ich konnte aber außer diesem Monster und mir war keiner da. „Was soll das?" „Bist du Paul? Mr. Mysterie"? „Lass mich los – Hilfe, Hilfe"! „Mädel, du hast ne Macke und deshalb befreie ich diese Welt jetzt von dir. Jeder wird denken, dass du auch so eine arme Irre bist, die sich das Leben genommen hat. Genau wie die sieben anderen vor dir. Ich schmeiß euch alle runter. Die Welt braucht keine einsamen Frauen – stirb!", das waren die Worte, die an meinem Ohr ankamen. Meine Kräfte ließen nach, ein Schuh löste sich von meinem Fuß und dann spürte ich nur noch diesen endlosen Fall. Schwerelos, haltlos im nichts.

8

Ich lag noch immer auf dem Bett in meiner Wohnung als sich mein „Engel" neben mich setzte. „Na, fügt sich das Puzzle so langsam zusammen?", fragte es. „Wurde ich umgebracht?" fragte ich kleinlaut. „Aber warum? Wer hat ein Interesse an meinem Tod?", stammelte ich. „Ach Schätzchen, das mit dem Interesse an irgendwelchen Geschehnissen wird in der menschlichen Welt schon immer viel zu wichtig genommen. Manche Dinge passieren einfach – ohne Sinn, ohne Hintergrund. Es sind die Menschen, die alles betiteln und verurteilen. Das Leben geht anders, einfacher. Die Menschen machen es kompliziert und verstecken hinter jedem Etwas einen Sinn.", sagte mir das Fusseltuch, welches jetzt einen sehr weichen Gesichtsausdruck hatte. Es fuhr fort: „Weißt du Sina, die Menschen hegen an andere Menschen Erwartungen und sind dann schrecklich enttäuscht, wenn diese nicht erfüllt werden. Das ist ein großer Fehler. Man überfordert diese Gattung Lebewesen mit der Hoffnungshaltung". „Wollte Paul mich treffen, damit er mich umbringen kann? Ich kann das nicht glauben. Er hatte mir über Monate wundervolle E-Mails geschrieben. Mit ihm konnte ich lachen, weinen. Auf eine etwas befremdende Weise waren wir ein Paar", versuchte ich zu erklären. „Hör auf, rational zu denken. Du bekommst auf diesem Wege keine Antwort. Es dauert nicht mehr lange und dann kannst du ins Reich der Ewigkeit", kamen aus seinem Mund. „Freue dich auf das, was dich erwartet. Es wird das Schönste sein, dass du jemals erlebt hast und du brauchst dich nicht zu fürchten. Es dauert nicht mehr lange, das verspreche ich dir", fügte es hinzu. „Bitte geh nicht weg", bat ich das Wesen. „Lass mich jetzt nicht allein!" Aber weiße Leintücher hörten nicht auf ein Bitten einer verwirrten, anscheinend toten Frau.

Der Gedanke, dass Paul mich nur kennen lernen wollte, um mein Leben auszulöschen, tat unbeschreiblich weh. Wie sehr hatte ich ihm vertraut? Wie oft hatte ich mir gewünscht, er wäre da? Dabei missbrauchte er meine Gefühle und Gedanken für diese miese Tat. Ich konnte es auch nicht fassen, wie sich so ein hässlicher Gnom mit Tom Cruise vergleichen konnte. Ein Traum zerplatzte und kostete mein Leben. Ganz nebenbei stellte ich fest, dass hier ein Gefühl von Schmerz in mir wohnte. Die ganze Zeit verspürte ich nichts. Weder Trauer, Hass oder sonstige Regungen, aber jetzt tat es einfach nur weh. Ich weinte, aber aus meinen Augen kamen keine Tränen. Mein Herz war schwer wie Blei – ein Gefühl, welches einfach nur grausam war. Mir wurde bewusst, dass ich nie wieder zurück konnte. Ich wusste nicht, was mich in dieser angekündigten neuen Welt erwartete. Würde ich dort vielleicht meine Großeltern wieder treffen? Oder eine alte Freundin, die in Kindertagen durch einen Autounfall ums Leben kam? Keine Ahnung. Diese Ungewissheit bereitete mir Sorgen. Nicht mehr zurück zu können war schon schlimm – jetzt wäre der Zeitpunkt gekommen, an dem ich gerne einen Schritt vorgegangen wäre, um mich auf das neue Sein einzustellen. Dennoch glaubte ich nicht daran, dass Paul mir tatsächlich was antun wollte. Aber die Situation war offensichtlich. Ohne große Worte, ein Kampf und die Sina wurde entsorgt. Monatelang hatte er eine Scheinfreundschaft aufgebaut, um dann so ein schnelles und jähes Ende herbei zu führen? Der Typ musste krank sein. Hatte er sich mich extra ausgesucht? War das falsche Email vielleicht doch nicht so falsch, sondern gehörte in seinen Plan? Ein grauenvoller Gedanke. Dann die vielen klugen Sätze meines „Engels" bezüglich Hoffnungen, Erwartungen, Sinn, Schein und Sein. Alles sehr wirr. Ich fühlte mich dieser Situation nicht gewachsen. Warum musste ausgerechnet mein Schicksal so verlaufen? Aber diese Frage stellte sich wohl auch jeder, bei dem es nicht so toll lief. Auf „warum ich"? gab es noch nie antworten. Wenn Bettina etwas nicht erklären konnte, sagte sie immer: „Das ist

halt so". Damit musste man sich dann abfinden.
So ging's mir jetzt.

Mister oder Misses Engel waren wieder da.
Sagt man eigentlich zum männlichen Engel der
Engel und zum weiblichen die Engel? Auch
egal – alles egal. „Hey Sina, du hast alles
richtig gemacht. Du warst ein toller Mensch.
Mach dir nicht so viele Gedanken", sagte es.
„Du hast gut reden, sagte ich. Wie lange bist du
schon hier?" polterte ich hinterher. „Vielleicht
hundert Jahre oder mehr – wer weiß das schon?
In unserer Welt gibt es keine Zeit und es ist
auch völlig unwichtig", gab es mir zur Antwort.
„Aber warum bist du hier bei mir?" fragte ich.
„Mein Auftrag ist es, auf dich aufzupassen. Du
hast es noch nicht ganz geschafft in unsere Welt
einzukehren. Außerdem gibt es in deiner Akte,
wie wir das nennen noch ein paar
Ungereimtheiten, die erst gelöst werden
müssen. In diesem Zustand kann man dich nicht
alleine lassen – später schon. Du kannst mich
zwar nicht immer sehen – ich bin aber immer in
deiner Nähe", war die Antwort. „Ich kann das
nicht verstehen. Was meinst du mit
Ungereimtheiten? Mein Verstand stellt sich
total quer. Es geht nicht, dass ich Tod bin,
verstehst du das? Ich habe mit so vielen Dingen
noch gar nicht abgeschlossen", ich wurde
lauter. „Sina, das ging Millionen Menschen vor
dir genauso. Wir können nicht immer Adieu

sagen. Wir haben nicht immer alles fertig gemacht – nach menschlichem Ermessen. Aus unserer Sicht, ist die Zeit und das „Erledigte" anders ausgerichtet. Wir messen nicht in Zeit und Raum, nach Ruhm und Ehre. Hier sind alle gleich – egal wie lange sie auf der Erde in menschlicher Hülle waren. Jeder bekommt bei Geburt eine Uhr mit auf den Weg und wenn die abgelaufen ist, dann ist es so. Egal ob du ein oder hundert Jahre in einem Körper gesteckt hast". Damit war mein Fusseltuch wieder verschwunden. Wieder diese Weißheiten, mit denen ich recht wenig anzufangen wusste.

Mich kostete das Ganze viel Energie und irgendwann bin ich leicht wie eine Feder auf meinem eigenen Bett, in meiner eigenen Wohnung eingeschlafen. „Weiße Pfote" lag neben mir. Er putzte sich das Fell. Also hatte er wohl tatsächlich was zum Fressen gefunden. Er putzte sich immer nach einem Mahl. Wie gern hätte ich mich an ihn gekuschelt, so wie wir das immer taten. Mein kleiner Pelzkneul mochte es besonders gerne, wenn ich vor dem Fernseher saß. Dann sprang er auf meinen Schoß und ließ sich über ein bis zwei Filmlängen einfach nur Kraulen. Zum Dank gab es ein Schnurren in den unterschiedlichsten Tonlagen. Was musste das arme Tier jetzt von mir denken? Die geht einfach in Urlaub, ohne mir bescheid zu sagen und ohne Futter da zu lassen. Keine sehr feine Art.

9

Tagsdarauf beschloss ich, Paul aufzusuchen. Vielleicht konnte ich herausbekommen, was das Ganze sollte. Ich wusste nicht genau, ob tagsdarauf ein Tag später war oder mehrere Tage – es fühlte sich jedoch so an, als wenn es sich bei dieser Beschreibung um den nächsten Tag handelte. Es konnte genauso gut auch noch derselbe Tag sein. In meinem Zustand gab es keine Vergangenheit, Zukunft oder Gegenwart. Es gab immer nur das hier und jetzt – aber in welcher Zeit das Ganze spielte, dahinter war ich noch nicht gekommen.

Paul schrieb mir mal, dass er im alten Ortskern neben dem Friedhof Söflingen wohnte. War das nicht ein blöder Zufall – neben einem Friedhof? Naja, immerhin nicht mein Friedhof.
Das geniale am nicht mehr Leben war, dass man ohne Auto, Bahn oder Taxi durch die Straßen ging und das in Windgeschwindigkeit. Im Nu war ich am Haus, welches mir Paul als sein Zuhause angab, angekommen. Hier sah alles genau so aus, wie er es mir geschrieben hatte. Jedes Detail stimmte. Vor dem Haus parkte ein silberfarbener BMW. Das Kennzeichen hatte Pauls Initialen und die Jahreszahl seines Geburtsjahres. Von daher war ich mir ziemlich sicher, dass es sich bei diesem

Fahrzeug um seinen Wagen handelte. Außerdem schwärmte er mir von seinem Auto vor. Ich konnte nicht mitreden, da ich schon Jahre kein eigenes Auto mehr besaß. Manchmal machten wir Witze über Männer und ihr Lieblingshobby: Auto. Ja, wir machten Witze. Ich konnte mich an so viele schöne Dinge mit ihm erinnern. Deshalb war ich auch so verwundert über sein jetziges Verhalten. Warum tat er das? Es lief doch alles prima zwischen uns. Von mir aus hätte es ein Leben lang so bleiben können. Warum wollte er mich auf einmal kennen lernen? Kein Mensch ist so mordrünstig und plant sowas über Monate. Oder war ich einfach zu naiv für diese Welt? Wollte ich die Gefahr nicht sehen? Diese Gedanken brachten mich auch nicht weiter, sie sorgten nur noch für mehr Chaos in mir.

Ich blickte in einige Wohnungen und vermutete die Seinige im 2. Stock. Durch ein offenes Fenster stieg ich in sein Wohnzimmer. Auch Höhe war in meinem Zustand kein Problem. Ohne Aufzug oder Leitern konnte man hin wo man wollte. Um es genauer zu beschreiben: ich musste nur in die Richtung sehen in die ich wollte und schon war mein Körper da. Mir war klar, dass sich das total bescheuert anhören musste, aber so war es.

Da saß er. Im roten Pullover, Straßenschuhe an, vor seinem Computer. Er war gerade dabei, eine E-Mail zu verfassen. Ich stand hinter ihm und konnte lesen, was er tippte. Mit weit geöffneten Augen las ich:

Lieber Zauberengel. Ein großer Traum ist wohl geplatzt. Wollte ich Dich mit aller Gewalt kennen lernen und nun ist alles aus.

Der ist gut – aber mit aller Gewalt hat er treffend ausgedrückt. Und dass alles aus ist, kann man wohl sagen. Du Volltrottel hast mir mein geliebtes Leben genommen.

Er schrieb weiter:
Habe ich Dir denn gar nicht gefallen? Ich weiß, wir hatten es vereinbart, dass wir bei Nichtgefallen, einfach wieder gehen. Aber war es denn wirklich so schlimm für Dich? Ein kleiner Hoffnungsschimmer bleibt mir, vielleicht warst Du ja gar nicht da. Ist Dir was dazwischen gekommen? Bitte schreib mir rasch zurück. Damit ich aus diesem Wartezustand erlöst werde. Ich gehe in Gedanken immer wieder alle Gesichter durch, die mir auf dem Weg nach oben und auch nach unten begegnet sind – um mir eventuell Dein Gesicht vorzustellen. Es war eine blöde Idee! Als ich wieder runter stieg, war unten sehr viel los. Wahrscheinlich wieder so eine

Touristenattraktion. War vielleicht nicht der richtige Augenblick für unser Treffen. Bitte, bitte melde Dich! LG Paul.

Eins war mir ab hier klar: Der Typ war ein Fall für die Jungs, die diese Jacken mit Bindung am Rücken verteilen. Touristenattraktion – das war ich! Mausetot.
Wie er da saß. Langsam ging ich seitlich an ihm vorbei. Er sah so verzweifelt aus und erst jetzt bemerkte ich, dass es gar nicht der Mann war, der mich über die Mauer stemmte. Um Himmelswillen, noch ein Rätsel. Wer war jetzt Paul, wer war mein Mörder? Wo lag der Sinn?
MEMO an Sina: Dreh jetzt bitte nicht durch! Bis jetzt gab es für jedes Problem eine Lösung! Diese Nachricht kam, vermutlich aus reinem Schutz vor mir selbst, direkt aus meinem Gehirn.

Also dieser Herr hier vor diesem Computer kam einer Tom Cruise-Beschreibung zumindest im Ansatz nahe. Naja so nahe wie ich Cameron Diaz, Julia Robert, René Zellweger und Mickey Mouse.

Von nun an wusste ich nicht mehr, was Wirklichkeit war. War hier überhaupt irgendetwas Wirklichkeit? Was sollte ich selbst noch glauben? War Paul einfach zu spät gekommen? Das konnte unmöglich mein

Schicksal so für mich bestimmt haben. Ein unbeschreibliches Chaos wurde durch meine Gedanken und Gefühle verursacht. Immer noch versuchte ich rational zu denken – auch wenn es mir mein „Engel" erklärt hatte – ich konnte nicht anders. Dann fielen mir wieder ein paar Worte meiner toten Kollegen ein: „Du bist in einer Art Zwischenwelt. Dein Bewusstsein vermischt die Realität mit Gedanken, Träumen und echten Geschehnissen aus der Vergangenheit. Versuche es erst gar nicht, dieses Sein zu verstehen. Es wird dir nämlich nicht gelingen". Was wollten die mir damit sagen?

Ich blieb in Pauls Wohnung. Wenn er in der Küche saß, setzte ich mich neben ihn. Wenn er fernsah, schaute ich mit ihm. Immer wieder ging er zu seinem PC und schaute, ob eine Nachricht für ihn gekommen war – aber nichts. Sein Postfach blieb leer. Er sah sehr traurig aus und mich bestürzte der Gedanke, dass er glaubte ich hätte ihn versetzt, weil er mir nicht gefallen hätte. Er sah nicht schlecht aus und wenn wir uns tatsächlich kennen gelernt hätten, wäre das mit Sicherheit nicht ganz schlecht ausgegangen. Was sollte ich nur tun?

Seine Wohnung ähnelte in seltsamer Weise der meinigen. Er war wohl auch Kunde bei IKEA, zumindest besaß er das ein oder andere Geschwisterchen meiner Einrichtungsgegenstände. Die Küche war 1:1 die Selbe. Es war fast schon erschreckend, als ich sah, dass er sogar Kaffeetassen mit dem gleichen Dekor wie ich besaß. Ich liebte von Leonardo diese Gläserreihe mit dem bunten Tropfenmuster. Paul hatte diese Gläser auch. War das Zufall? Hatte er mich zuvor schon ausspioniert? Ich war reif für die Klapse. Ich versuchte mir das Gesicht des Mannes auf dem Münster ins Gedächtnis zu rufen. Er war größer und stämmiger als Paul. Sein Gesicht hatte grobe Vernarbungen, die mit Sicherheit aus der Pubertät stammten. Die Hände waren riesengroß, der Atem röchelnd und unangenehm. Dieser Mann hier hatte eher feine Gesichtszüge. Sportliche Figur. Er war nur ein kleines Stückchen größer als ich und ich entdeckte kleine Grübchen in seinem Gesicht. Was war hier nur falsch gelaufen?

Paul legte sich ins Bett. Die Tatsache, dass ich nicht real existent war, erlaubte es mir, mich neben ihm ins Bett zu legen. Bevor er einschlief sagte er: „Mein lieber Zauberengel, warum bist du nicht gekommen? Irgendwie spüre ich, dass etwas passiert ist. Ich bin mir so sicher, dass du mich angesprochen hättest – aber jetzt habe ich nur noch angst. Egal wo du bist und was du tust, ich denke an dich. Gute Nacht mein Engel".

Nein, war das schön! Er hatte diese Worte ins Dunkel des Raumes gesprochen. Hier wusste ich, dass dieser Mann mich niemals irgendwo runter schupsen würde. Ich wünschte mir jetzt mein „Fusseltuch" herbei und ich würde alle Schwüre ablegen, damit ich wieder in die Welt der Menschen eintauchen konnte. Wenn ich früher gewusst hätte, was Paul für ein Mann war, wäre einem kennen lernen zu früheren Zeiten nichts im Wege gestanden. Unter diesen Gedanken schlief ich ein.

Am nächsten Tag erwachte ich erst, als in der Küche die Saeco-Kaffeemaschine ratterte. Oh, herrlich, frischer Kaffee. Aber was nützte es mir? Mein jetziges Leben brauchte keine Lebensmittel und schon gar keine Genussmittel. Eigentlich Jammer schade. Ich schaute an mir hinunter. Immer noch roter Pullover, Jeans und nur ein Schuh. Ich fand den Gedanken, nur mit einem Schuh zwischen den Welten rumzugeistern doof. Paul saß am Tisch und breitete die Tageszeitung aus. Titelstory: „Junge Frau stürzt sich vom Ulmer Münster!" Die Polizei schließt ein Fremdverschulden aus. Bisher ungeklärte Umstände weisen jedoch auf den Freitod der Frau hin. Genauere Untersuchungen laufen noch. Durch den Sturz wurden Gebäudeteile des Münsters in Mitleidenschaft gezogen. Es entstand ein Sachschaden von mehreren tausend Euro.

Passanten, die zum Zeitpunkt des Aufpralls der Frau in der Nähe waren, mussten von einem Notarzt erstversorgt werden.

Hallo, die schreiben ich hätte mir das Leben genommen? Und nichts ist wichtiger als ein Sachschaden? – unglaublich. Das war für die Leute bestimmt kein schöner Anblick. Wenn da jemand von so weit oben herunterfällt. Ich glaube, ich wäre auch geschockt gewesen. Diese Geschichte passte absolut nicht in mein Leben. Einer musste das Drehbuch von Sina Taler umgeschrieben haben. Ich brauchte dringend eine Erklärung. Die Worte meines Fusseltuchs hämmerten durch meinen Kopf: Sein, Schein, Leben, Menschen. Alles drehte sich.

Paul las den Artikel immer wieder und starrte das Bild, auf welchem die abgedeckte Leiche abgelichtet wurde, an. Ein ganz klein wenig blitzte der Teil eines roten Pullovers unter der Plane hervor und Paul zweifelte keinen Augenblick daran, dass es sich bei der Toten um seinen Zauberengel handelte. Unter der Titelstory kam ein Bericht über einen Unfall mit der Bahn und Fußgängern. Die Tür der Straßenbahn verklemmte sich. Hier wurden mehrere Passanten verletzt, eine Frau mittleren Alters schwer und eine weitere brachte den Fuß in die Tür der Straßenbahn und verklemmte sich dort. Ein technischer Defekt verhinderte eine Warnmeldung und der Zug setzte sich in Bewegung. Die Frau wurde einige Meter mitgerissen und schwebte in Lebensgefahr. Paul dachte: „Was war denn gestern nur in diesem Ulm los? Unfälle und Unglücksfälle wo man hinschaut". Meine Gedanken waren bei meinen Eltern. Ein schrecklicher Gedanke – wenn die Polizei bei ihnen klingelte um ihnen zu sagen, dass ich tot sei. Alles krampfte sich in mir zusammen. So eine blöde Eigenschaft. Leben tat ich nicht mehr, aber meine Gefühle sollte ich wohl bis ins letzte durchleben.

Paul hielt die Zeitung in Händen und an seinen Wangen rannen Tränen hinab. Er war sehr verzweifelt und fragte sich, warum hat sie das getan? Konnte es sein, dass sein Zauberengel sich das Leben nahm? Ihre Nachrichten waren immer so herzerfrischend. Ihr Humor einfach genial. So ein Mensch nimmt sich doch nicht einfach so das Leben.

Er setzte sich an seinen Computer und öffnete ein paar alte Nachrichten von Zauberengel. Oh, er hatte meine Nachrichten gespeichert – na sowas.

Ich stand hinter ihm und las mit:

1. Juni 2006, 3.00 Uhr

Guten Morgen! Ich wünsche Dir alles Liebe und Gute für das neue Lebensjahr. Ich hoffe, Du hattest nette Gesellschaft, mit der Du das neue Jahr begrüßen konntest!?!?! Ich komme gerade von meiner Freundin Bettina zurück. Ich denke an Dich und wünsche Dir süße Träume.
Der Zauberengel

13. Juni 2006, 19.15 Uhr

Hallo Paul, sorry Mr. Mysterie!
Ich komme gerade aus dem Büro. Stell Dir vor, ich werde Gruppenleiterin. Mein Büro wird in den Neubau verlegt und ich bekomme eine Praktikantin. Von meinem neuen Gehalt mal ganz abgesehen, ist das doch der Megahammer. Ich freu mich so! Werde eine Flasche Champagner öffnen und in Gedanken mit Dir anstoßen.
Liebe Grüße Zauberengel

05. Juli 2006, 18.34 Uhr

Hallo, hallo,
kennst Du den Blondinenwitz:
Warum strecken Blondinen immer einen Arm in die Höhe, wenn sie die Straßen überqueren? – Damit man sie besser unterm Auto vorziehen kann.
Ist der nicht klasse? Ich finde Blondinenwitze super.

Wünsche Dir einen schönen Abend
LG ZE

01. August 2006, 21.59 Uhr
Hallo Paul,
ich war heute mit Freunden bei einem
Wanderfest. Ist so eine Tradition bei uns.
Warum mache ich das jedes Jahr wieder? Mit
einer Meute Leute durch die Gegend ziehen, mit
Bollerwagen und Geschleppe. Laufen bis die
Füße schmerzen und fettige Grillwürste in sich
reinstopfen. Also nächstes Jahr mache ich das
anders.
Was hast Du heute schönes gemacht?
Falls Du heute nicht mehr schreibst, wünsche
ich Dir süße Träume und sende liebe Grüße –
Zauberengel.

05. August 2006, 20.12 Uhr
Guten Abend,
heute habe ich im Radio ein tolles Lied gehört.
Es ist von Fools Garden und heißt Dreaming.
Das musst Du Dir unbedingt mal anhören. Es
ist klasse. Denke, das wird mein neuer
Lieblingssong. Bei Lieblingsliedern spiele ich
ein und dasselbe Lied zwanzig Mal auf eine CD
und hör es mir so lange an, bis ich es nicht
mehr hören kann. Bei richtig guten Songs kann
das lange dauern – smile.
Gute Nacht wünscht der Zauberengel

28. August 2006, 21.54 Uhr
Hallo,
hoffe Du hast Deine Sommergrippe gut überstanden?! Bei mir im Büro hat es auch einige erwischt. Ist einfach nichts, wenn man nicht fit ist. Wünsche Dir auf jeden Fall, dass es Dir bald wieder richtig gut geht!!
Heute war ich bei Douglas und habe mir einen neuen Duft gekauft. Er heißt Angel von Thierry Mugler. Der absolute Traum. Wenn Du das nächste mal in die Stadt gehst, lass Dir diesen Duft mal aufsprühen und sag mir, wie Du ihn findest.
Ganz liebe Grüße ZE

Paul las eine Nachricht nach der anderen und es dauerte ewig. Immer wieder stand er zwischendurch auf, ging im Raum umher, schüttelte den Kopf. Einmal schlug er mit der Faust auf den Tisch und brüllte: „Nein, das darf alles nicht wahr sein. Es muss sich um ein riesen Missverständnis handeln". Dieser Ausbruch machte mir schon etwas angst. Dann setzte er sich wieder und las weiter bis zu der letzten von mir verfassten E-Mail. Er war sich sicher, dass die Frau aus der Zeitung sein Zauberengel war und gleichzeitig wollte er es nicht glauben. Es musste die Gewissheit her. Er nahm sich vor zur Polizei zu gehen. Wenn es auch kein schöner Anblick sein würde, eine Leiche zu sehen. Er wollte sie wenigstens einmal sehen. Paul zog sich eine Jacke über und ging zu Fuß. Ich begleitete ihn. Er kam am Münster vorbei und er blieb stehen. Lange blickte er nach oben, dann ging er zu der Stelle, an welcher die junge Frau lag. Mit weißen Kreidestrichen war der Umriss ihres Körpers auf die Pflastersteine gemalt. Passanten legten Blumen nieder oder zündeten Kerzen an. Manche blieben stehen für ein stilles Gebet. Welch eine unglaubliche Geschichte. Dann machte er Stopp bei Douglas und bat um eine Probe von Angel. Weiter bat er, dass ihm der Duft auf sein Handgelenk gesprüht wurde. Er roch daran und verschloss die Augen. Einige Sekunden blieb er einfach nur stehen und ließ den Duft auf sich wirken. Wie sehr hätte mich jetzt sein Empfinden interessiert? Er bedankte sich bei der Verkäuferin und verließ das Geschäft. Dann ging er weiter, ohne einen weiteren Zwischenstopp einzulegen. Bei der Polizei angekommen, wurde seinem Wunsch, den Leichnam zu sehen, nicht stattgegeben. Der Beamte meinte, er könnte ihm nicht sagen, wo sich die junge Frau im Augenblick befand, da eine Obduktion anstand und außerdem sei das kein Anblick, den man im Gedächtnis behalten sollte. Der Beamte fragte nach, warum er Interesse an der Toten hätte und Paul sagte dem Polizeibeamten, dass er mit der Frau verabredet gewesen wäre, sie aber zu dem Treffen nicht erschienen sei. Über die Zeitung habe er dann erfahren, was geschehen war. Paul fragte nach den Personalien, bekam aber nur zu hören, dass die Frau rein gar keine Papiere bei sich trug und man noch auf die eingehenden Vermisstenanzeigen warten würde, ob da eine Person auf die Tote passte. Er bekam lediglich eine Schätzung des Alters die da lautete: Die Frau war zwischen 32 und 37 Jahre alt. Mit hängenden Schultern und völlig entkräftet ging er zurück nach Hause. Dort angekommen, ließ er sich auf sein Sofa fallen. Er roch an sein Handgelenk, um den Duft des Parfums auf sich wirken zu lassen. Dann schloss er die Augen und sagte ins Nichts: „Ach, mein Zauberengel. Was ist bloß geschehen? Ich war heute bei Douglas und habe mir Angel aufsprühen lassen. Ein klasse Duft. Ich habe all deine E-Mails noch einmal gelesen und da war die Nachricht mit dem Parfum auch dabei. Hier hätten wir einen gemeinsamen Duft gehabt. Ich mag Angel wirklich sehr". Diese Worte sagte er in den Raum, immer noch mit geschlossenen Augen.

Ich konnte nicht mehr genau sagen, wie viel Zeit inzwischen vergangen war – aber ich war immer noch in der Wohnung von Paul und er saß wieder an seinem Eßzimmertisch mit einer Zeitung. Die Titelstory: Freitod vom Münster war Mord! Die Ermittlungen der Kriminalpolizei haben ergeben, dass die junge

Frau gewaltsam vom Turm gestürzt wurde. Bei der Obduktion wurden zahlreiche Kampfspuren sichergestellt. Die Polizei bittet nun die Bevölkerung um Mithilfe. Wer sich am Tattag und der Tatzeit am Münster aufgehalten habe, sollte sich bitte umgehend bei der Polizei melden. Weiter war an der Leiche der Frau nur ein Schuh aufgefunden worden. Wer Auskunft über den Verbleib des zweiten Schuhs geben konnte, sollte sich dringend melden.

Ich verspürte eine gewisse Erleichterung. Zum Glück brauchte nun niemand mehr annehmen ich hätte mir das Leben genommen. Es änderte zwar rein gar nichts an meinem Dasein – aber es fühlte sich gerechter an.

Paul lehnte sich zurück und sprach vor sich hin: „Zauberengel, wer soll das getan haben?" „Ich bin zu spät gekommen, sonst wäre dir das nicht passiert. Wir hätten uns kennen gelernt und ich bin mir sicher, wir hätten unseren Spaß miteinander gehabt". Mr. Mysterie kam hier an seine Grenzen. Er rief im Büro an und meldete sich für die nächsten Tage krank.

Ich ging in meine Wohnung zurück. War nun ein Tag vergangen, oder eine Woche? Ich wusste es nicht. Auf jeden Fall musste meine Mutter dagewesen sein, weil der Fressnapf von „Weiße Pfote" und auch das Wasser aufgefüllt waren. Das Tier selbst war nirgends zu sehen. Als ich auf meinem Sofa lag, kam mal wieder eines der Fusseltücher vorbei. „Schön, dass du dich auch mal wieder blicken lässt", maunzte ich es an. „Sei nicht böse. Du musst zugeben, die Zeit bringt immer mehr Licht in das Dunkel", sagte es mit einer Gelassenheit in der Stimme. „Die Zeit - wenn du dieses Wort benutzt, hört sich das sehr fremd an. Weißt du überhaupt noch, was Zeit ist? Warum wurde ich umgebracht?", waren meine Fragen, die nicht gerade freundlich klangen. „Sina, die Dinge scheinen so und sind ganz anders – sei noch etwas geduldig", kam zur Antwort. Ich könnte schreien. Immer geduldig. Der Schein. Das Sein. Fusseltücher und die Ewigkeit. Wenn jemand wollte, dass ich tot sein sollte, warum war ich es dann nicht? In meiner Vorstellung war der Tod so etwas wie der ewige Schlaf. Vielleicht hätte ich das Verweilen auf einer Wolke noch in Betracht gezogen. Aber so was hier, kam in keiner meiner Vorstellungen je vor. Außerdem, wo waren den die ganzen anderen Toten? So wie ich hörte, gab es ja Milliarden von denen und ich war bis auf die paar Besuche der Fusseltücher immer alleine. War das jetzt die Strafe dafür, dass ich aus der Kirche ausgetreten war? Nein, sowas konnte einem die Kirche nicht zumuten. Kirchensteuer hin oder her.

Ich beschloss wieder in Pauls Wohnung zu gehen. Als ich dort ankam, saß er gerade vor seinem Computer. Dann klingelte es an der Tür. Er öffnete. Die Polizei stand draußen und einer der Beamten meinte: „Herr Paul Meisenhard wir müssen Sie vorläufig festnehmen. Gegen Sie besteht dringender Tatverdacht, am Tod von dieser Frau am Münster beteiligt gewesen zu sein". Paul wurde ganz blass. Ohne Widerstand ließ er sich abführen. Jetzt verstand ich gar nichts mehr. Paul war das nicht. Wer denkt denn so was von ihm? Da ich ja im Reich der „Fusseltücher" weder Platz wegnahm, noch Gewicht zählte, war ich einfach mitgegangen. Ich musste hören, was die Herren Beamten für Indizien vorweisen konnten.

Paul wurde in einen Verhörraum geführt. „Herr Meisenhard, wie Sie wissen, wurde eine Frau vom Ulmer Münster gestürzt. Sie berichteten uns, dass Sie mit ihr auf der Plattform verabredet waren. Erzählen Sie uns, wie war Ihre Verbindung zu dieser Frau?" begann das Verhör. Paul erklärte in sachlichen Sätzen: „Wir waren seit einiger Zeit Freunde übers Netz. Wir schrieben uns E-Mails und unterrichteten uns über das Alltägliche". „Hatten Sie mit der Toten ein Verhältnis?" fragte ein Beamter. „Nein, nicht in Wirklichkeit", sagte Paul. „Wie muss man das verstehen? Nicht in Wirklichkeit?" fragte der zweite Polizist nach. „Naja, wir kannten uns nur über den Computer – nicht im echten Leben“. Ein weiterer Beamter kam hinzu und meinte: „Sie wollen also allen ernstes behaupten, dass Sie diese Person nie gesehen haben?“ Paul nickte. „Eine Frau, die gerade mal drei Straßen von Ihnen entfernt wohnt und mit der Sie seit Monaten übers Netz Kontakt haben und Sie wollen uns erzählen, Sie haben sie nie gesehen?“ wurde der Mann energischer. „Wenn ich es Ihnen doch sage“, sagte Paul. „Ich wusste nicht, dass sie nur drei Straßen entfernt von mir wohnte“, fügte er leise hinzu. Er tat mir leid, wie die ihn da so in die Mangel nahmen. Außerdem übertrieb der Beamte maßlos. Meine Wohnung lag auf der ganz anderen Seite vom Stadtrand. Nur drei Straßen waren nicht die richtige Bezeichnung. Vermutlich war das aber die Strategie eines Verhörs. Die wollten rausbekommen, wie viel er wusste und mit Fangfragen ging das bestimmt besonders gut. Das hatte er wirklich nicht verdient. Vor allem, er war es doch gar nicht. Wie konnte ich das je beweisen? „Herr Meisenhard, wir haben Beweise, dass Sie in der Wohnung von der Toten waren. Es gibt zahlreiche Fingerabdrücke von Ihnen. Was spielen Sie uns hier für ein Spiel vor?“, sagte der jüngere Beamte.

Was sagte er da? Paul war in meiner Wohnung? Wann? Wieso? Wieder einmal kam ich an eine

Grenze, bei der ich kurz davor stand, den Verstand zu verlieren. Paul war nicht das Monster! Paul war in meiner Wohnung? Paul kannte mich aber gar nicht! Wie konnte das jetzt sein?

MEMO an Sina: Du bist ein Fusseltuch, noch dazu mit nur einem Schuh. Keiner kann dich sehen oder hören. Du bist im Reich der Windböen. Bleib einfach cool!!!!!

Mein Gehirn sprach mal wieder mit mir. Ich wäre doch das gefundene Fressen für jeden Psychiater gewesen. So locker konnte keine Schraube sitzen. Es gab nichts aber auch rein gar nichts mehr, was ich noch hätte verstehen können. Es war so viel passiert und nicht passiert. Die Anschuldigungen, die hier gegen Paul ausgesprochen wurden, machten das Chaos in mir nicht besser.

Paul beschloss zu den Vorwürfen nichts mehr zu sagen. Er wollte einen Rechtsanwalt zu Rate ziehen. Vermutlich war das die beste Entscheidung. Es musste doch eine Lösung für dieses Problem geben. Wie die Polizisten jedoch zu der Erkenntnis kamen, dass seine Fingerabdrücke in meiner Wohnung zu finden waren, kam mir mehr als merkwürdig vor. Wann waren überhaupt die Ermittler in meiner Wohnung? Ich war doch vor nicht all zu langer Zeit dort und da war niemand in meinen Räumen. Das wäre mir doch aufgefallen. Ein

Durcheinander, welches kein Ende nehmen wollte.

Die Beamten führten ihn mit Handschellen ab. Er durfte seinen Anwalt verständigen und dann verschwand er hinter einer schweren graugrünen Stahltüre.

Ich wusste zwar nicht, ob ich durch Wände schlüpfen konnte, aber ich ließ mich mit einsperren. Mein Mr. Mysterie. Nun saß er da wie ein Häufchen Elend. Zusammengekauert und hilflos wie ein kleines Kind. Der Raum hier war sehr eng. Ich hatte zwar ein schlechtes Gefühl für Maße - aber diese Bude hier hatte maximal 5 qm. Es stand eine Art Feldbett darin. Hinter einer kleinen Abmauerung waren eine Toilette und ein Waschbecken. Ein klitzekleines Fenster mit den berühmten Gittern ließ Licht in diesen Raum. Die Farbe der Wände würde ich ein undefinierbares mausgrau nennen. Es roch muffig und insgesamt war es keine Bleibe, die man für mehr als eine Nacht dulden wollte.

Wieder einmal konnte ich nicht sagen, ob es Tage, Wochen oder Monate waren, die vergangen waren. Die Frisur von Paul verriet mir jedoch, dass es schon einige Zeit her sein musste seit seiner Festnahme. Er war unrasiert, ungekämmt und wirkte ungepflegt und niedergeschlagen.

Die Zellentüre wurde geöffnet und der Beamte sagte: „Herr Meisenhard, Ihr Anwalt ist hier. Bitte folgen Sie mir in den Besucherraum". Paul stand auf, zupfte sich sein Hemd zurecht und strich sich mit den Händen über die Haare. Dann folgte er dem Wärter. Im Besucherraum angekommen stand ein schlanker, großer, sehr gut gekleideter Mann. Er kam auf Paul zu und gab ihm die Hand. „Hallo Herr Meisenhard. Was ist das für eine unschöne Geschichte, in die Sie da geraten sind?" fing er das Gespräch an. „Herr Ohlsen, ich bin Ihnen sehr dankbar, dass Sie mich in dieser unangenehmen Situation vertreten", begrüßte ihn Paul. Der Anwalt nickte ihm zu und zeigte mit der Hand in Richtung Sitzgelegenheit. Sie setzten sich am Tisch gegenüber und Paul begann zu erzählen. Er habe eine Frau übers Internet kennen gelernt. Nach monatelangem eMail-Verkehr wollte er ihr im echten Leben gegenübertreten und es gab eine Verabredung am Münster. Als er am Münster antraf, war dann aber niemand da. Er dachte, sie sei nicht gekommen. Erzählte noch von der Abmachung, dass bei Nichtgefallen jeder das Recht hatte, einfach wieder zu gehen. Er berichtete von seiner Enttäuschung, dass es nicht zu einem Treffen kam und dass er am nächsten Tag aus der Zeitung erfuhr, dass sich eine Frau vom Münster gestürzt hätte. Die Tatsache, dass die Tote einen roten Pullover trug, ließ ihn dann annehmen, dass es sich um seine eMail-Freundin handelte und er beschloss zur Polizei zu gehen. Dort angekommen, wurde ihm dann aber fast keine Information gestattet und nun säße er hier und stehe unter Mordverdacht. Er könne die Situation nicht erklären und beteuerte seine Unschuld. Der Anwalt sprach ihm Mut zu und versicherte ihm, dass er einen Weg finden würde, um Paul aus der Situation zu befreien. Beide standen auf und der Wärter nahm Paul wieder mit in seine Zelle. In dem unfreundlichen Raum legte Paul sich auf sein Bett und starrte an die Decke. Ich war auch in seiner Zelle, konnte aber nicht sagen ob ich saß, schwebte oder auch lag. Ich war einfach nur da.

Es vergingen wieder Tage. Zumindest wurde mir von der auf- und untergehenden Sonne signalisiert, dass es sich um mehrere Tage gehandelt haben musste. Paul war immer alleine. Nur zu den Essenszeiten kam mal jemand vorbei. Dass er so gar keinen Besuch bekam. Keine Familie oder Freunde. Sehr traurig, so alleine auf dieser Welt zu sein, waren meine Gedanken. Vielleicht wusste aber auch niemand, dass er hier war. Er durfte ja nur ein einziges Telefonat führen und dies tat er mit Anwalt Frederik Ohlsen.

Ein schwerer Schlüssel bewegte sich in der Zellentüre und ein Polizeibeamter meinte:

„Herr Meisenhard, kommen Sie bitte mit. Wir führen Sie zu unserem Kriminalpsychologen". Paul antwortete nicht und kam lustlos der Aufforderung nach. Der Beamte führte ihn kreuz und quer durch das Gefängnisgebäude. Ein großer alter Bau in recht tristen Farben gehalten. Hinter jeder Stahltür konnte man Geräusche vernehmen und diese ließen einen wissen, dass diese Herberge wohl ausgebucht war. Welch schrecklicher Gedanke. Ein Leben, das so bunt und schön sein konnte, hinter solchen Mauern verbringen zu müssen. Aber was wusste ich schon? Als Fusseltuch war das Leben auch kein Leben mehr. Wann kam eigentlich mein Fusseltuch-Boss mal wieder vorbei? Ich dachte, der sollte auf mich aufpassen? Hier macht doch jeder was er will.

Der Beamte öffnete eine Tür. Ein großer brauner Schreibtisch und zwei Stühle waren in dem Raum in den „wir" geführt wurden. Keine Bilder, nur ein ganz kleines mit Gittern versehenes Fenster und sonst nichts. Der begleitende Polizist wurde durch den Kriminalpsychologen abgelöst mit der Bitte, vor der Tür Posten zu halten.

Ich sah den Seelenklempner an und irgendwie kam er mir bekannt vor. Er stellte sich Paul als Dr. Martin Berber vor und setzte sich auf den zweiten Stuhl.

„Herr Meisenhard, Sie wissen warum man Sie hier festhält?" war seine erste Frage. Paul nickte, ohne ein Wort der Erklärung beizufügen. „Sind Sie damit einverstanden, dass dieses Gespräch aufgezeichnet wird?" Paul nickte erneut. Dr. Berber drückte auf den Knopf des Aufnahmegerätes und wollte den Hergang der Tat aus Paul herauslocken. Paul berichtete von den E-Mails zwischen ihm und Zauberengel und dass sie sich treffen wollten, aber das niemand gekommen sei. Der Psychologe räusperte sich und gab zu verstehen: „Nun gut, das hört sich alles prima an. Sie sagen die Frau sei nicht gekommen? Komisch, Ihnen wird zur Last gelegt, dass Sie die 28jährige Patrizia Karkowski vom Ulmer Münster gestürzt haben sollen! Was sagen Sie dazu?" „Ihr Name war Patrizia? Sind Sie da ganz sicher?", fragte Paul. Dr. Berber schaute ihn mit hochgezogenen Augenbrauen an, führte dennoch ungehindert sein Verhör fort.

Mein Name war nicht Patrizia. Warum dachte die Polizei, dass ich Patrizia Kar-was-weiß-ich heißen sollte? War das nun wieder einer dieser Psycho-Tricks der Polizei?

Ich ging im Raum umher und hörte wie der feine Herr Doktor beim Atmen röchelte und plötzlich erkannte ich ihn. Er war das Monster vom Münster. Ganz sicher. Ich ging näher an ihn ran. Leider konnte ich ihn nicht riechen. An den widerlichen Geruch seines röchelnden Atems hätte ich mich bestimmt erinnert. Aber ich sah sein vernarbtes Gesicht und wusste 100%-ig, dass er es war. Was war den nun passiert? Die nahmen Paul fest und der eigentliche Täter ist hier im Gefängnis Doktor. Wann würde ich endlich aus diesem Martyrium befreit? Ich hatte keine Kraft mehr, keine Gedanken mehr. War denn die ganze Welt schlecht? Paul war in Gefahr. Hier mit dem Monster in einem Raum. Er würde ihn bestimmt auch umbringen und es aussehen lassen, als sei es Selbstmord gewesen. Dann würde später in der Zeitung stehen: Mörder vom Münster beging Suizid im Gefängnis. Womöglich würde er einen Abschiedsbrief verfassen, der jeden Zweifel ausschloss. Die Aufregung in mir war nicht mehr zu bremsen. Alles bebte und ich konnte die vielen, zu vielen Ungerechtigkeiten nicht länger ertragen.

Paul bat Dr. Berber die Sitzung auf ein anderes Mal zu verlegen. Er fühlte sich unwohl und könnte über das Geschehene noch nicht richtig sprechen. Der Psychologe willigte ein und ließ Paul wieder auf seine Zelle bringen. Puh, wenigstens ein bisschen Zeit konnte man so gewinnen. Ich bemerkte an Pauls Reaktion, dass er nunmehr in Zweifel geraten war, ob es hier um seinen Zauberengel ging.

Er kannte Patrizia Karkowski von mehreren Englischkursen, welche sie bei der Volkshochschule besuchten. Manchmal übten sie gemeinsam Vokabeln oder sie liehen sich gegenseitig das Lernmaterial. Somit konnte man die Fingerabdrücke in Patrizias Wohnung erklären und das sie nur drei Straßen entfernt wohnten, war ja der Grund, warum gerade die beiden miteinander Vokabeln lernten. Nun sollte diese Frau sein Zauberengel sein? Das konnte nicht sein. Das wäre ihm bestimmt aufgefallen. Patrizia ähnelte in keinem Fall seinem Zauberengel – zumindest nicht dem Engel, den sich Paul oft vorgestellt hatte. Konnte eine virtuelle Freundin wirklich so viel anders sein, als eine aus Fleisch und Blut? Er versuchte sich krampfhaft an den realen Namen von Zauberengel zu erinnern. Ihre Email-Adresse gab dazu keinen Hinweis. Aber er wusste, dass sie ihm irgendwann mal ihren Vornamen verriet und der lautete nicht Patrizia. Ihr Name war Sina, glaubte er sich zu erinnern. War Sina Taler ein Pseudonym? Konnte er sich darauf verlassen? Vielleicht auch wieder ein Spiel – ein Irrtum? Wer weiß das schon so genau?

Meine Gedanken luden mir noch mehr Fragen auf. Wenn die Tote eine gewisse Patrizia war, was war dann mit mir? Ich erlebte den Sturz, ich hatte den Kampf mit diesem Widerling.

Mein Kopf drohte zu platzen bei all den wirren Gedanken.

10

Ich wollte mich gerade auf eine neue Zeitreise begeben, als es plötzlich einen unglaublichen Donner gab........genau so ein Grollen und Donnern als ich damals in die Bahn stieg......und plötzlich fühlte ich den unsagbaren Schmerz in meinem Bein wieder.

Piep, piep, piep, „Frau Taler hören Sie mich? Frau Taler?" die Stimme war weit weg und klang mit Echo. „Sie kann uns nicht hören. Geben Sie ihr die Medikamente für die Nacht in die Infussionsflasche und machen Sie das Licht aus", sagte eine weitere Person.

... noch ein Donner und wieder einmal rauschte mein Sein durch ein Zeitfenster und nun lag ich auf meinem Bett in meiner Wohnung. Der Schmerz war wieder verflogen. Eins meiner Fusseltücher setzte sich zu mir und meinte: „Sina, hör mir bitte gut zu. Es ist etwas dazwischen gekommen. Ich hatte dir ja versprochen, dass du bald ins Jenseits einkehren darfst. Dass du sehr abrupt aus deiner irdischen Hülle verjagt wurdest und dass ich auf dich aufpassen werde. Nun habe ich neue Informationen bekommen und ich muss dich nunmehr darauf vorbereiten, dass du wieder in deinen Körper zurückkehren wirst.", sagte das

Wesen mit gleich bleibendem Ton. „Warum gehe ich jetzt nicht ins Jenseits? Ich verstehe die Sachlage schon wieder nicht!", sagte ich. „Sina, du hattest so schwere Verletzungen und dein Bewusstsein hat sich mit deinen Gefühlen vermischt. Es gab eine Verwechslung der Seelen. Die Vergangenheit, die Gegenwart und die Zukunft haben deine Sinne verwirbelt. Du wirst es niemals verstehen. Ich bitte dich ganz herzlich um Verzeihung. Wir haben dich in unserer Welt sehr lieb gewonnen und du wirst einen ganz besonders schönen Platz bei uns bekommen, das verspreche ich dir – aber erst wenn es Zeit ist!" war die unverständliche Antwort. „Bitte bleib jetzt da! Bleib bei mir und versuche es wenigstens, mir zu erklären", bettelte ich. „Warum soll ich jetzt doch nicht mitkommen? Was meinst du mit Verwechslung und besonders schönen Platz?", fragte ich hinterher. „Du bist nicht gestorben, du wurdest lediglich verwechselt", diese Antwort kam schon etwas genervter aus dem Mund des Wesens. „Und meine Beerdigung, die vielen trauernden Leute? Ich war doch da. Ich habe es doch gesehen", rief ich. „Nein Sina, das war dein Unterbewusstsein. Niemand, außer dir kann von den Geschehnissen berichten. Erhole dich von den Strapazen und sprich nicht über uns", bat das Fusseltuch. „Werde ich jetzt tatsächlich verrückt? Was war jetzt echt und was nicht?", resignierte ich. Die Antworten blieben jedoch aus. Wie viel Fehlinformationen verarbeitet eine einzelne Seele und was wollte mir Mr. „Ich nehme dich nicht mit in die Ewigkeit" sagen?

Der Donner dröhnte wieder in mir...
„Herr Doktor, kommen Sie schnell. Ich denke sie kommt zu sich", schrie eine junge weibliche Stimme.
„Frau Taler, können Sie mich verstehen", hörte ich eine Männerstimme fragen. Ich blinzelte und das über mir gebeugte Gesicht war über diese Geste sehr erfreut. „Frau Taler, Sie sind hier in der Uniklinik Ulm. Sie hatten einen schweren Unfall mit einer Straßenbahn und waren 39 Tage im Koma. Haben Sie Schmerzen? fragte er weiter. Wie Straßenbahn, Koma, Schmerzen? Ich schloss die Augen und der Doktor und die junge Frau waren wieder verschwunden.

„Hey Sina, du musst schon ein bisschen mithelfen! - ermahnte mich mein Fusseltuch. Die Botschaft lautet, Sina Taler bleibt auf der Erde – also tu das gefälligst auch!" – schimpfte es. „Mach du mir nicht schon wieder Vorschriften, was ich tun soll und was nicht! Du hast mir doch dieses Schlamassel eingebrockt", meckerte ich zurück. „Mein Auftrag ist zu Ende. Ich darf nicht mehr auf dich aufpassen, weil du auf der Erde bleiben wirst – auch wenn ich sehr gern auf dich aufgepasst habe. Ich wünsche dir ein schönes und langes Leben", sagte mein Fusseltuch mit etwas Wehmut in der Stimme. Mein weißes Lacken schwebte davon und winkte mir zu. Ich rief ihm noch nach: „Seit ich dich kenne, verstehe ich dich nicht. Es war trotz allem schön, deine Bekanntschaft gemacht zu haben. Wir sehen uns – später irgendwann! In aller Ewigkeit".

Der Chefarzt betrat mit einigen Assistenzärzten und Schwestern das Zimmer. Immer wieder wurde mein Name gerufen und ich versuchte meine Augen zu öffnen. Ich spürte, wie mir am einen Arm der Blutdruck gemessen wurde und wie mir jemand an der anderen Hand eine Injektionsnadel setzte. Schmerzen – nein ich hatte keine Schmerzen. Ich lebte. Also doch alles nur ein Traum. War ich nun erleichtert? Nein, ich war enttäuscht – dass mich meine Fusselfreunde nicht mit ins Jenseits genommen hatten. Irgendwie war ich neugierig darauf geworden und mein Gefühl verriet mir, dass ich dem Jenseits schon näher war, als dem Leben auf der Erde. Aber wieder einmal hatte jemand anderes für mich entschieden. Ich schloss die Augen mit dem Bewusstsein, dass hier Leute waren, die sich um mich kümmerten.

Es dauerte noch einige Wochen, bis ich wieder richtig auf den Beinen war. Nach und nach bekam ich alle Informationen darüber, was geschehen war. Mein Puzzle setzte sich nur langsam zusammen.

Ich war mit Paul am Ulmer Münster verabredet. Normalerweise gehörte es zu meinen Tugenden, pünktlich zu sein. Da ich aber zu viel Zeit mit meinem „Wie sehe ich aus – Problem" verbracht hatte, hatte ich alle Mühe, die Straßenbahn rechtzeitig zu erreichen. Ich bestieg die Bahn in Richtung Münster. Am Haltepunkt angekommen, öffnete sich die Tür. Ich verhakte mich mit meinem Schuh an der Tür der Bahn. Ich war halb drin und halb draußen, dennoch schloss die Türe und gab dem Schaffner kein Fehlsignal. Als der Klingelton ertönte und der Zug sich in Bewegung setzte, rief ich so laut ich konnte. Andere Passagiere riefen STOP, STOP! Dennoch fuhr die Bahn los und ich wurde bis zum Stillstand einige Meter mitgeschleppt. Hierdurch erlangte ich meine starken, lebensbedrohlichen Verletzungen. Ein Notarzt musste mich reanimieren und bei der Aktion, verlor ich meinen Schuh. Die Reanimation war insofern erfolgreich, dass mein Herz von alleine schlug. Mein Körper fiel in ein tiefes Koma. Ich erzählte den Ärzten von meinen Erlebnissen, dass ich auf dem Weg zu einer Verabredung auf dem Münster war und ich während der Koma-Phase die ganze Zeit gedacht hatte, dass ich auch auf dem Münster gewesen wäre und das mich jemand runter gestürzt hätte. Die Erklärung der Mediziner lautete, dass mein Unterbewusstsein mir einen Streich gespielt hätte. Da das Ulmer Münster eins meiner Lieblingsbauten war und ich sehr aufgeregt gewesen sei, diesen Paul zu treffen, habe mein Unterbewusstsein die Geschichte weitergesponnen. Die Tatsache, dass mich jemand vom Turm stürzte, deutete darauf hin, dass ich auch etwas Angst vor dem Treffen hatte. Das ich nur einen Schuh besaß, wurde unter den Herren mit Doktortiteln als besonders schlimmes Frauenproblem bezeichnet. Sie sagten, jede Frau habe doch angst davor zu wenig Schuhe zu besitzen. Dies würde auch darauf hinweisen, warum mich dieser Zustand während der ganzen Zeit so gestört hatte. Ein Frauentick, welcher tief in unserem Unterbewusstsein verankert sei. Die liebe Psychologie. In mir wohnten Gefühle, die ich nicht in Worte fassen konnte. Es hörte sich alles sehr real an und dennoch wusste ich, dass die Ärzte-Version nicht die richtige Erklärung für mein Erlebtes sein konnte.

Meine Eltern besuchten mich fast jeden Tag im Krankenhaus und auch meine Brüder ließen es sich nicht nehmen, ein paar Stunden an meinem

Krankenbett zu verweilen. Meine Nachbarin hat „Weiße Pfote" mit zu sich genommen, bis ich wieder nach Hause kommen würde, dafür war ich ihr sehr dankbar.

Immer wieder machten meine Gedanken Ausflüge zu dieser Münster-Geschichte. Ich konnte nicht mehr trennen, was war geschehen, was war Traum und was nur Einbildung oder vielleicht doch Realität? Ich bat meinen Vater, mir mein Laptop aus der Wohnung zu holen. Er murrte und meinte, dass es fürs Arbeiten wirklich noch etwas zu früh sei, aber er folgte meinem Wunsch dennoch.

Inzwischen war es wieder Frühling geworden. Ich schaltete mein Laptop an und mein eMail-Postfach drohte überzulaufen. Ich überflog die Nachrichten und suchte gezielt nach Paul/Mr. Mysterie. Seine letzte Nachricht war nun schon 6 Monate alt. Ich konnte genau den Text wieder lesen, den ich bereits las, als ich hinter ihm stand, als er ihn verfasst hatte. Nun war ich mir ganz sicher, dass es sich nicht um einen Streich meines Unterbewusstseins handelte, sondern – dass hier etwas ECHTES geschehen war. Mir fielen die letzten Worte meines „Engels" wieder ein: Es wurden versehentlich zwei Seelen vertauscht! Hatte ich das alles doch erlebt? Warum aus der Sicht von Patrizia? Wurde meine Seele mit der ihren vertauscht oder drehte ich jetzt ganz langsam und allmählich durch?

Ich musste irgendwie herausfinden, ob Paul noch immer im Gefängnis war. Aber wie sollte ich das anstellen? Ich rief Bettina an und erzählte ihr die ganze Geschichte. Mein Fusseltuch ermahnte mich zwar, ich solle nicht darüber reden. Dennoch musste es raus. Bettina war die Einzige, der ich so etwas überhaupt erzählen konnte. Sie kam mich am selben Tag noch besuchen. Ich erzählte ihr alles und war mir dessen bewusst, dass es sich für einen Außenstehenden total verrückt anhören musste. Dennoch blieb mir keine andere Wahl, als es Bettina so detailgetreu wie möglich zu erzählen. Sie horchte gespannt zu. Ungläubig nahm sie meine Hand und meinte: „Sina, du hast fürchterliches erlebt. Deine Verletzungen waren so schlimm, dass keiner wusste, ob du das überhaupt schaffst. Sag niemandem etwas von deinem Traum – bitte. Die denken sonst du bist verrückt. Du musst dich dringend erholen. Bitte versprich mir, dass du mit niemandem außer mir über diese Sache sprichst!" „Bettina, ich bin nicht verrückt. Ich muss herausfinden, was wirklich los war. Wenn du mir nicht hilfst, werde ich jemand anderen fragen. Versteh mich bitte – es ist sehr wichtig! Woher sollte ich den Inhalt seiner E-Mails kennen, die ich erst gerade geöffnet hatte, wenn ich nicht dabei

gewesen wäre, als er sie geschrieben hatte?",
gab ich ihr zurück. Bettina nickte und gab mir
stumm zu verstehen, dass diese Erklärung
plausibel klang. „OK, ich werde Leon anrufen
und ihn bitten über Paul was rauszukriegen",
sagte Bettina. Leon war ihr Bruder und er
arbeitete bei der Mordkommission – allerdings
in Stuttgart. Aber unter Kollegen würde sich da
bestimmt was machen lassen. Ich drückte meine
Freundin und war froh, die ersehnte Hilfe zu
bekommen. Mir war völlig klar, wie verrückt
das alles klingen musste. Ich selbst hätte es
vermutlich nicht geglaubt, wenn mir jemand so
eine Geschichte aufgetischt hätte. Völlig
erschöpft fiel ich in mein Kopfkissen und hoffte
auf Leon.

Es dauerte Tage bis sich Bettina meldete. Sie
meinte nur, Leon würde sich kümmern aber das
sei nicht so einfach, wie ich mir das vorstellte.

Meine Tage bestanden jetzt darin, alle
möglichen Therapien durchführen zu lassen.
Die gebrochenen Knochen heilten zusammen
und der Physiotherapeut war sehr zufrieden mit
mir. Die Zeit verging nur sehr langsam und
meine Gedanken vereitelten ein zur Ruhe
kommen.

Wieder Tage – dann stand plötzlich Leon vor
meinem Krankenbett. Ich erwachte gerade aus

einem kurzen Schlaf und blickte ihn verwirrt an. „Hey Süße. Jetzt haben wir uns schon so lange nicht mehr gesehen. Was machst du nur für Sachen?" waren seine Worte. Ich freute mich sehr über seinen Besuch und erwartete neugierig seinen Bericht.

„Hör zu Sina, dieser Paul Meisenhard wurde tatsächlich unter Mordverdacht festgenommen. Er hatte Kontakt zu der Toten, das war das Einzige was definitiv herauszufinden war. Man konnte ihm die Tat nicht beweisen. Sein Anwalt, ein gewisser Ohlsen, ist ein hohes Tier und hat ihn da rausgeboxt. Zudem wurden unter den Fingernägeln des Opfers Hautfetzen gefunden, die nicht zu ihm passten. Das hatte die DNA eindeutig ergeben. Außerdem weißt sein Körper keinerlei Kampf- oder Kratzspuren auf. Es wurde nachgewiesen, dass es auf dem Turm zu einem Kampf kam und das Opfer hat ihren Täter dabei verletzt", erklärte Leon.

„Ich weiß, die DNA würde ergeben, dass die Hautfetzen zu Dr. Berber gehörten", sagte ich in Gedanken. „Was sagst du da? - kam völlig platt aus Leon hervor. Woher willst du das wissen? Sina, das ist eine riesen Anschuldigung. Berber ist einer unserer besten Kriminalpsychologen. Der hat schon Mordfälle aufgelöst, wo keiner mehr daran glaubte. Seine Methoden sind einzigartig", protestierte er.

„Und wie viel vermeintliche Mörder haben sich unter seiner Behandlung das Leben genommen? Zufällig sieben und alle hatten zuvor eine junge Frau getötet? Die Selbstmörder haben ihre Opfer immer irgendwo hinunter gestürzt, Abschiedsbriefe geschrieben und die Fälle waren nur noch Akten?" fragte ich ruhig und sachlich zurück. „Woher hast du diese Informationen? Es gab schon den ein oder anderen Selbstmord im Knast. Aber das ist nichts Außergewöhnliches. Die Scheißkerle kriegen dann plötzlich doch ein schlechtes Gewissen und wollen die Last loswerden", erklärte er mir. „Leon ich danke dir für deine Hilfe. Ich kann dir gar nicht sagen wie sehr. Es wird sich alles fügen und ich bin jetzt sehr erleichtert. Mich strengt das Ganze unglaublich an. Ich denke, ich sollte mich wieder ein bisschen ausruhen. Grüß mir deine Eltern. Du gehst sie doch noch besuchen – oder?", versuchte ich ihn wegzuschicken. Leon nickte und drückte mir zum Abschied noch einen Kuss auf die Wange. Er sagte: „Lass es dir gut gehen und komme bald wieder auf die Beine!" Dann ging er hinaus.

Erleichtert lies ich mich in mein Kopfkissen fallen. Der Gedanke, dass nun klar war, dass Paul nicht der Mörder ist, war eine große Erleichterung. Zudem war ich froh, dass er nicht mehr in diesem Loch sein musste. Ich schlief ein und im Traum kann eines der Fusseltücher vorbei. „Sina, du darfst dich nicht so stark an uns erinnern. Wir gehören nicht in deine Welt. Vergiß, dass du mit uns Kontakt hattest. Du machst dir das Leben unheimlich schwer", sagte es in einem sehr lieblichen Ton zu mir. „Hallo mein Engel, bleib noch ein bisschen bei mir. Ich hatte dich schon vermisst. Ich weiß, ich darf nicht rational denken – aber glaube mir, du hast mir das Leben im Jenseits so schmackhaft gemacht, dass ich schon etwas enttäuscht bin, jetzt nicht dort hin zu dürfen", plauderte ich. „Du darfst aber auf keinen Fall Blödsinn machen! Wenn du dich selbst aus dem Leben nimmst, kommen nicht wir, um dich zu holen. Da ist eine andere Abteilung zuständig und die wird dir vermutlich nicht gefallen", mit großen Augen sagte mein Fusseltuch diese Worte, um der Wichtigkeit einen besonderen Stellenwert zu verpassen. „Mach dir um mich keine Sorgen, ich werde das schon meistern", sagte ich, um meinem Engel die Sorge abzunehmen. Wir lächelten uns an und das Gefühl, dass da jemand war, empfand ich als wunderschön und beruhigend.

Die Schwester kam mit dem Abendessen ins Zimmer und weckte mich aus meinem schönen Traum. Hunger hatte ich schon – aber das Zwiegespräch während meines Traumes war ein sehr wertvolles Geschenk meines

Unterbewusstseins. Vielleicht war es auch nur die Vorstufe des Verrückt werdens – für mich war es auf jeden Fall sehr schön und erleichternd.

Meine Gedanken gingen zu Paul. Es war eine Ewigkeit vergangen. Er war aus dem Gefängnis entlassen. Seine Englisch-Kameradin wurde umgebracht und sein Zauberengel war verschwunden. Was in ihm wohl vorging?

Würde ich ihn erschrecken, wenn jetzt plötzlich eine Nachricht von mir kam? Ich musste es herausfinden. Kurzentschlossen schaltete ich mein Laptop an und überlegte mir, wie ich anfangen sollte. Jede Nachricht schien mir unpassend. So verfasste ich ganz einfache Worte:

Meine Nachricht:
Hallo Paul,
bist Du noch da? Bitte nicht erschrecken! Ich
bin's, Dein Zauberengel.
Lg

Seine Antwort:
Wer erlaubt sich hier diesen schlechten Scherz
mit mir? Mein Zauberengel ist tot.

Meine Nachricht:
Nein, ich bin nicht tot!!!!!!!!

Ich wurde nicht umgebracht! Als ich zu unserem Treffen kommen wollte, hatte ich einen schlimmen Unfall mit der Straßenbahn. Es ist erst wenige Wochen her, dass ich wieder aus dem Koma zurück bin.

Seine Antwort:
Nenn mir Deinen richtigen Namen!

Meine Antwort:
Sina Taler

Seine Antwort:
Falsch! Mein Zauberengel hieß anders und jetzt lass mich in Ruhe!!!!!!!

Meine Nachricht:
Du denkst, dass Dein Zauberengel Patrizia hieß. Aber das war das Mädchen, welches vom Münster gestürzt wurde. Ich bin zur selben Zeit mit der S-Bahn verunglückt. Du hattest es in der Zeitung gelesen!

Seine Antwort:
Woher willst Du wissen, was ich in der Zeitung gelesen habe? Was weißt Du schon von Patrizia?

Meine Antwort:
Das kann ich Dir im Augenblick nicht erklären.
Aber glaube mir, ich lebe und ich bin der
Zauberengel.

Seine Antwort:
Das kann jeder sagen. Nenne mir Details! Wie
haben wir uns kennen gelernt? Warum sollte
ich Dir glauben? Ich empfinde diese
Nachrichten qualvoll, sie übersteigen die
Schmerzgrenze.

Meine Antwort:
Ich kann Dich nur darum bitten, mir zu
glauben. Tun musst Du es natürlich, weil Du es
willst und sonst wegen nichts. Wir haben uns
im echten Leben nicht kennen gelernt. Wir
waren oder sind Freunde über die
Stromleitungen. Du hattest mir vor Monaten
versehentlich eine E-Mail geschrieben, die gar
nicht für mich bestimmt war. Du wolltest sie
eigentlich an Andreas schreiben. Weißt Du
noch: s.taler anstatt a.taler? Als ich darauf
antwortete fingen wir an, uns zu schreiben.
Schon nach kurzer Zeit, jeden Tag. Wir wollten
uns auf Dein Drängen hin, auf dem Ulmer
Münster treffen. Roter Pullover, drei mal
Hüsteln, auf dem höchsten Turm. Du kannst mir
hundert Fragen stellen. Ich habe alle
Antworten. Glaube mir!!!

Seine Antwort:

Ist das jetzt eine Falle der Polizei? Ist das wieder eine der neuen Ermittlungstechniken? Egal, wer mir da jetzt schreibt. Ich bin sehr durcheinander und die Geschichte mit dem Münster raubte mir alles an Vorstellungskraft, was ich je besaß. Aber ich will mich nicht beklagen. Hier noch eine Frage an Dich: Du hattest ein Haustier. Wie war der Name?

Meine Nachricht:

„Weiße Pfote". Und er ist ein 7 Kilo schwerer fauler Kater.
Seinen Namen hat er, weil er eigentlich eine schwarze Katze ist und nur eine Pfote von ihm weiß ist.

Seine Antwort:

Wir hatten uns mit Berühmtheiten verglichen. Wer warst Du?

Meine Nachricht:

Cameron Diaz, Julia Roberts, etwas Rene Zellweger und Mickey Maus.
Du warst Tom Cruise – nur bisschen größer und ein klein wenig hässlicher, sagtest Du.

Seine Antwort:

Was ist mein Lieblingsessen?

Meine Nachricht:
Lasagne und Feldsalat

Es kam keine Nachricht mehr. Stunden vergingen, ich starrte immer wieder mein Laptop an. Überprüfte die Leitungen, um sicher zu gehen, dass einem Posteingang nichts Technisches im Wege stand. Dann endlich nach 5 Stunden sagte meine elektronische Freundin: „Sie haben Post!"
Ich war schon fast eingeschlafen, aber unter der Meldung war ich sofort hellwach.

Ich las:
Bist Du es wirklich?
Ich glaube, ich stehe unter Schock. Es ist so unglaublich viel passiert und Deine Nachricht heute, haut mich total um. Wie oft hatte ich gehofft, dass alles nur ein Missverständnis ist und gebetet, dass es Dir gut geht und nun schreibst Du mir......

Meine Nachricht:
Ja, ich bin es wirklich!
Ich kann Dich gut verstehen. Können wir uns sehen?
LG Sina

Seine Antwort:
Sina Taler – ein schöner Name für meinen Zauberengel!

Ich konnte mich beim besten Willen nicht an Deinen echten Namen erinnern. Ich weiß, dass Du mir mal Deinen Vornamen nanntest, aber der war weg. Mir war zwar immer klar, dass es nicht Patrizia war aber zum Schluss wusste ich gar nicht mehr, was ich noch glauben konnte. Es war einfach zu viel!
Bist Du Dir sicher, dass Du ein Treffen möchtest?

Meine Antwort:
Sehr sicher!!!!!
Es gibt nur ein Problem. Du musst zu mir kommen, ins Krankenhaus. Die Ärzte meinen zwar, dass ich klasse Fortschritte machen würde, aber es könnte noch ca. 2 Wochen bis zu meiner Entlassung dauern.

Seine Antwort:
Das nennst Du ein Problem? Ich denke, da habe ich schon schlimmeres erlebt. Wo finde ich Dich?

Meine Antwort:
Uniklinik Ulm, 4 Stock, Zimmer weiß ich nicht mehr. Aber frag einfach bei den Schwestern. Hier kennt mich glaub ich jeder.
Paul – ich freu mich auf Dich!
LG Sina

Seine Antwort:
Ich komme Dich morgen gegen 13.oo Uhr besuchen. Was glaubst Du, wie ich mich erst freue.
Schlaf schön – bis morgen
LG Paul

„Auf Wiedersehen", sagte meine elektronische Freundin und ich klappte den Laptop zu. Ich ging noch kurz ins Bad, um mich für die Nacht fertig zu machen und fühlte mich frei. Eine große Last war plötzlich weg. Paul würde mich morgen besuchen kommen und wir könnten einiges aufarbeiten. Für das jetzt in mir wohnende Gefühl gab es glaube ich keinen Namen. Zumindest könnte ich es nicht mit Worten beschreiben – aber es fühlte sich gut an.

Am nächsten Morgen wachte ich erst auf, als die Schwester zum Fieber messen rein kam. „Guten morgen Frau Taler, wie geht es Ihnen", fragte die freundliche Person. „Guten morgen Schwester Isolde, mir geht es heute sehr gut. Ich fühle mich wie neu geboren. Heute Mittag bekomme ich von einem ganz arg lieben Freund Besuch, und somit wird das heut mein Lieblingstag", gab ich ihr zurück. Isolde zwinkerte mir zu und wünschte mir einen schönen Tag. Sie war eine sehr liebenswürdige Person, bei der man nicht das Gefühl hatte, sie machte nur ihren Job. Isolde war mit Hingabe

Krankenschwester. Wenn sie Nachtschicht hatte und auf der Station war nicht viel los, kam sie manchmal zu mir ins Zimmer und wir unterhielten uns oder machten zusammen ein Spiel. Das machte mir den Aufenthalt etwas angenehmer. Als Isolde mein Zimmer wieder verließ, winkte ich ihr zu und wünschte auch einen schönen Tag. Beim Hinausgehen ließ sie meine Zimmertür einen Spalt auf. Ein kleines Mädchen ging vorbei. Plötzlich kam sie zurück und trat in mein Zimmer. „Hallo Engel, da bist du ja. Ich habe dich schon überall gesucht. Meine Operation war gut und der Bauch tut fast schon gar nicht mehr weh." Ich erkannte die kleine Alina-Sofie. Aber warum erkannte sie mich? Die Schwester kam ins Zimmer und meinte: „Da bist du ja, du kleiner Feger. Wenn ich mal einen Moment nicht aufpasse, bist du weg." „Schau, da wohnt mein Engel. Ich habe dir doch von meinem Engel erzählt". Die Schwester nahm das Kind an der Hand und zusammen verließen sie mein Zimmer. Alina-Sofie drehte sich zu mir um und gab mir einen Luftkuss. Ich winkte ihr zu und bemerkte, wie mir eine Träne die Wange hinunter lief. Es war kein Traum – es war Echt. Wenig später erfuhr ich, dass die Kleine einen Blinddarmdurchbruch erlitten hatte und dass es sehr kritisch um sie stand. Sie war an dem Tag meines Unglückes operiert worden und sei jetzt nur zur Nachuntersuchung da. Es brachte mich sehr aus der Fassung.

Heute war es also endlich soweit. Mr. Mysterie und Zauberengel sollten sich nun mit 6monatiger Verspätung tatsächlich kennen lernen. Ich tauschte mein Nachthemd gegen einen Hausanzug, wusch mit sehr viel Anstrengung meine Haare und versuchte aus dem fahlen Gesichtston mit Hilfe von etwas Make-up ein ansehnliches Erscheinungsbild zu zaubern. Ein kleiner Spritzer des Duftes „Angel" (wie passend) und ich war auf Paul vorbereitet.

Punkt 13.oo Uhr klopfte es an meiner Zimmertür. Paul trat in den Raum. Ich erkannte ihn sofort. Seine weichen Gesichtszüge. Wie damals verabredet, trug er auch heute einen roten Pullover. In der Hand hielt er einen Blumenstrauß mit roten Rosen und Margeriten. Ich setzte mich im Bett auf und sagte: „Hallo Paul". Alle weiteren Worte blieben mir im Hals stecken. „Woher wusstest du, dass ich es bin?" fragte er, auch mit einem Kloß im Hals.

Er setzte sich zu mir und wir starrten uns minutenlang ohne ein Wort zu sagen einfach nur an. Er nahm meine Hand in die seine und es fühlte sich unbeschreiblich gut an. Er hatte sehr weiche, warme Hände.

Ich konnte nicht genau sagen, wie viel Zeit inzwischen vergangen war, aber Paul unterbrach irgendwann das Schweigen und meinte: „Du wärst mir unter Tausenden auf dem Turm aufgefallen. Was hat das Schicksal für Streiche parat?" Danach nahm er mich wie selbstverständlich in den Arm und drückte mich an sich. Ich ließ es geschehen. „Du duftest nach Angel. Ich mag das sehr", sagte er leise.

„Also wenn du auf dem Turm gewesen wärst, hätte ich mich garantiert nicht umgedreht, und wäre wieder gegangen. Frau Roberts, Zellweger, Diaz und ganz wichtig Mickey Maus kommen gegen dich nicht an! Du bist viel bezaubernder – ehrlich", machte er mir ein Kompliment. Ich spürte, dass meine Gesichtsfarbe vermutlich die eines Feuerlöschers hatte und versuchte dennoch cool zu bleiben. Ich konterte: „Herr Cruise muss sich in deinem Fall auch warm anziehen".

„Sina, erzähl mir alles von Anfang an und lass bitte nichts aus", bat er mich. Er nahm sich einen Stuhl und setzte sich dicht neben mein Bett. Ich begann zu erzählen.
Zuerst von der Aufregung seiner plötzlichen Idee, mich nun kennen lernen zu wollen. Dann von der Fahrt zum Münster und meinem Unfall. Schließlich bat ich ihn, mich nicht für verrückt

zu halten und erzählte ihm von der Daseinsversion als „Fusseltuch". Ich berichtete ihm vom „Mord". Von meiner eigenen Beerdigung mit weißem Sarg und roten Rosen. Vom Leichenschmaus im alten Schwanen. Meiner Mutter, Vater und meinen Brüdern. Von Bettina und ihrer Tochter Lotta. Das ich in seiner Wohnung war und gesehen hatte, wie er E-Mails an mich schrieb. Ich beschrieb seine Wohnung und das ich wusste, dass die Tote Patrizia Karkowski mit ihm zusammen einen Englischkurs belegte. Das er seit dem Zeitraum seiner Festnahme dachte, dass Patrizia sein Zauberengel gewesen sei. Ich sagte ihm den Tag seiner Festnahme und in welches Gefängnis „wir" gebracht wurden. Ich beschrieb ihm seine Zelle. Paul starrte mich an und war fassungslos über das, was da an seinen Ohren ankam. Da er bei allen Geschehnissen selbst dabei war und mit niemandem darüber gesprochen hatte, wusste er, dass es wahr war. Dann erzählte ich ihm, dass ich wüsste, wer Patrizia auf dem Gewissen hätte und das derjenige schon 7 Frauen davor umgebracht hatte. Als ich ihm den Namen von Dr. Berber nannte, schaute Paul dann doch etwas misstrauisch drein. Ich erzählte ihm, dass ich im Büro auf der Tischkante meines Schreibtisches saß und zuschaute, wie Claudia meine persönlichen Sachen aus dem Tisch entfernte und dabei weinte. Und zum guten Schluss, erzählte ich ihm, wie sich die „Engel" wieder verabschiedeten. Und das ich nicht über die Fusseltücher sprechen dürfe, um meines eigenen Schutzes.

„Sina, das sind unglaubliche Dinge, die du mir da erzählst. Ich glaube dir, denn manche Dinge konntest du nur wissen, wenn du sie erlebt hattest aber mein Verstand vereitelt manche Aussage. Die Anschuldigung an Dr. Berber behalten wir aber für uns. Nicht das hier noch jemand denkt, du seiest übergeschnappt", formulierte er sehr vorsichtig.

Ich war etwas enttäuscht darüber, dass er es nicht glauben wollte. Aber wenn ich ehrlich zu mir selber war. Würde mir jemand so eine Geschichte erzählen, würde ich sofort zu Stift und Papier greifen und daraus einen Kriminalroman schreiben – glauben würde ich diese Geschichte auch nicht.

So beschloss ich, ab sofort nicht mehr darüber zu sprechen. Es fiel mir zwar sehr schwer – aber es war zu meiner eigenen Sicherheit.

11

Es war der 4. April 2007 – mein Entlassungstag. Paul holte mich von der Klinik ab und brachte mich in meine Wohnung. Es war wunderbar wieder hier zu sein. Alles war noch genauso wie ich es verlassen hatte. Im Bad hatte meine Mutter zwar sauber gemacht, aber meine unzähligen Schminkutensilien standen noch auf dem Spiegelschrank und erinnerten mich an meine Unentschlossenheit vor meinem ersten Date mit Mr. Mysterie. Die zahllosen Klamotten hatte sie wieder in den Schrank geräumt. Sie musste ja denken: „Meine Tochter spinnt". Schon komisch, was einem alles passieren konnte. Ich führte Paul durch meine Wohnung und auch ihm ist nach wenigen Minuten aufgefallen, dass wir fast gleich wohnten. Beim Anblick meines Esszimmers - inzwischen Büro - sagte er: „Das ist unglaublich. Ich glaube unsere Seelen waren zusammen einkaufen". Er drehte sich zu mir um, sah mir in die Augen und wir küssten uns zu ersten Mal. Wie zärtlich dieser Mann war – unbeschreiblich schön. Ich spürte wie mein Körper leicht bebte. Ob es ihm wohl auch so ging? Ich hoffte es. Der Zauberengel war drauf und dran, sich grenzenlos in Mr. Mysterie zu verlieben. Paul und ich verabredeten uns für den nächsten Tag. Wir wollten einen

Spaziergang machen und mich langsam wieder an das „Echte Leben" gewöhnen. Als ich meine Reisetasche ausgepackt hatte, fühlte ich mich, als wenn ich eine riesen Arbeit geleistet hätte. Das waren Beweise dafür, dass ich es langsam angehen lassen musste Meine Verletzungen waren zwar allesamt verheilt und wenn man Professor Sendiol Glauben schenken durfte, würden auch keine Spätfolgen auftreten – aber dennoch waren es sehr tiefe Wunden und der Körper forderte seine Ruhe ein.

Ich war gerade zu Bett gegangen, hörte ich die Katzenklappe. So müde konnte ich gar nicht sein, um „weiße Pfote" nicht zu begrüßen. Meine Katze stand da und starrte mich völlig verwirrt an. Dann kam ein Miau hervor und der Pelzkneul strich um meine Beine. „Hallo, mein kleiner Streuner, wie geht es dir? Mein Gott habe ich dich vermisst", begrüßte ich ihn. „Weiße Pfote" begann zu schnurren und signalisierte mir damit, dass er auch ganz happy war.

Am nächsten Morgen wachte ich schon mit den ersten Sonnenstrahlen auf. Meine Mutter war vor meiner Entlassung einkaufen und füllte meinen Kühlschrank. War sie nicht ein Schatz? Ich brachte erst einmal meinen Kaffeeautomaten in Gang und bereitete das Frühstück vor. Dann rief ich bei Paul an und lud ihn zum Frühstück ein. Wieso bis zum Mittag warten? Er konnte doch auch jetzt schon hier sein. Er kam meiner Einladung gerne nach und war eine halbe Stunde später auch schon da. Er sah toll aus in seinem Polohemd und den verwaschenen Jeans. Mein Herz schlug in Rhythmen, die ich nicht kannte und ich genoss dieses Pochen in meinen Adern – das war das Leben!

Ich hätte mir nicht träumen lassen, dass mein Freund über die Stromleitungen im echten Leben genauso toll war. Irgendwie dachte ich, dass wir beide eine Macke hatten – sonst wären wir nicht ständig alleine gewesen und hätten bestimmt schon längst eine Familie gegründet. Dabei waren wir nur Menschen, die sich auf dieses Bäumchen-wechsel-dich-Spiel nicht einlassen wollten. Wir waren uns sicher, dass es irgendwo den passenden Menschen geben musste, für den es sich lohnte, eine zeitlang allein zu bleiben. Meine „zeitlang" erstreckte sich leider über ein paar Jahre. Umso gespannter war ich nun auf das, was das Schicksal nun für mich bereithielt. Die Anwesenheit von Paul war sehr angenehm. Er war unkompliziert. Mit ihm konnte man Reden, Lachen und auch mal Schweigen. Jeder kannte doch dieses unangenehme Gefühl, wenn man sich gegenüber saß und nicht mehr wusste, was man noch sagen sollte. Mit Paul gab es solche

Momente nicht, zumindest wurden sie nicht als solche Momente erkannt. Als wir fertig waren mit dem Frühstücken, räumten wir gemeinsam die Küche auf und machten uns startklar für einen Spaziergang. „Sei nachsichtig mit einer alten Lady", scherzte ich. „Keine Sorge, zur Not trage ich dich", kam von ihm zurück. Ein Blick – ein Lächeln.

Am übernächsten Wochenende gaben meine Eltern ein Begrüßungsfest für mich.

Sie luden alle ein. Bettina, Karl, Lotta, Paul, Claudia, Markus mit seiner neuen Lebensabschnittsgefährtin, mein Boss, meine Brüder Robin und Mark mit ihren Frauen, meinen Professor aus der Klinik und Schwester Isolde. So wie ich es liebte, fand das Fest im Garten statt. Dort angekommen, beschlich mich das Gefühl, jemand hätte die Zeit angehalten. Meine innere Ruhe wohnte hier, und vermittelte mir angenehme Gedanken.

Bettina kam mir strahlend entgegen und nahm mich am Arm. Sie meinte: „Liebe Sina, du wirst mal wieder Tante." „Bettina, das ist ja wunderbar", gab ich erfreut zurück. „Ja, wir bekommen wieder eine kleine Prinzessin und Karl und ich haben beschlossen, dass wir sie nach dir benennen. Ich hatte solche Angst um dich. Du bist und bleibst meine beste Freundin.

Was hätte ich nur ohne dich getan?" Bettina hatte Tränen in den Augen und nahm mich fest in ihre Arme. Das sie ihr Kind nach mir benennen wollte, war sehr schmeichelhaft. Sina war ja auch ein sehr schöner Name und zeitlos obendrein. Meine liebe Bettina, mit ihrem blonden Lockenschopf und den Sommersprossen auf der Nase. Sie war einfach meine Beste und ich war sehr froh, solch einen Menschen um mich zu haben.

Wir feierten ein Wiedersehen, einen Neuanfang und einfach nur das Leben.

War es doch so einfach – dieses Leben. Wie oft macht man es sich zu schwer? Regt sich über Dinge auf, die nichtig sind? Regt sich über andere Menschen auf, die man morgen schon vergessen hat oder macht Dinge, die später an Sinn verloren haben? Ich machte es mir fortan zum Lebensmotto: Genieße jeden Tag, als wenn er der letzte oder einzige wäre. Liebe die Liebe und Lebe das Leben! Damit wollte ich nun in mein neues Leben treten.

Als ich wieder zu Kräften kam, überfiel mich der sehnlichste Wunsch, nach einem Frisörbesuch. Bewaffnet mit einem dicken Portmonee freute ich mich auf das Verwöhnprogramm von Franco. Seine Begrüßung war: „Bella Donna, was haben Sie mit meinem Meisterwerk gemacht?" Sein Ton klang leicht hysterisch und er schnippte an meinen Haaren, wie an einem Federkleid. „Hallo Franco, ich war sehr lange Zeit krank und konnte mich nicht um meine Haare kümmern. Wie Sie selbst erkennen können, benötige ich nun eine Fachkraft", war meine Begrüßung und ich merkte sofort, dass er sich von meinen Worten geschmeichelt fühlte. „Si, si, der Meister wird schuften müssen, wie eine ganze Armee, aber ich denke, wird schon klappen". Er schob mich auf einen Frisierstuhl, klatschte in die Hände und rief: „Isabella, wir brauchen das Notprogramm: Shampoo Nr. 11, Kurpackung Nr. 13, Curlfluid – äh, ist eh schon zu spät, musse ich die Haare abschneiden. Pronto Isabella, pronto". Franco zauberte aus meinen Haaren eine tolle Frisur und ich verließ zufrieden aber völlig verarmt seinen Salon. Sein Abschiedgruß lautete: „Geben Sie acht auf die Meisterwerk und machen Sie regelmäßig das Curlfluid in die Spitzen, sonst ist das nächste Notprogramm eine Glatzekopf".

Paul und ich sahen uns jeden Tag. Und wir schrieben uns weiterhin jeden Tag. Das sollte unser tägliches Ritual bleiben. Paul erinnerte mich an meine Ängste, dass ich seine E-Mails vermissen würde, wenn wir uns mal richtig kennen lernten. Das wollte er auf jeden Fall verhindern. Manchmal könnte man Dinge nicht aussprechen – aber schreiben könnte man sie trotzdem – so fand man immer einen Weg zueinander. Wenn wir uns mal streiten würden, sollten wir uns über die Stromleitungen mitteilen. So wie früher, wenn wir Ärger hatten. Nur dass wir hier dann über uns selbst lästerten und schimpften. Ich weiß, das hörte sich schon etwas krank an – aber es passte in mein nicht ganz normales Leben.

Seit meiner Entlassung war nun schon ein ganzer Monat vergangen. Ich musste zur Nachuntersuchung in die Uniklinik. Als ich dort angekommen war, begrüßte mich Professor Sendiol. „Guten Tag Frau Taler, Sie sehen sehr gut aus. Wie geht es Ihnen?" „Danke, Herr Professor, ich fühle mich gut. Ich spüre mit jedem Tag, dass meine Kondition besser wird. Manchmal verfolgen mich Träume und bringen mich etwas durcheinander aber am nächsten Morgen ist es dann wieder ok", gab ich zur Antwort. „Haben Sie noch Schmerzen?", war die nächste Frage. Ich schüttelte mit dem Kopf und verneinte die Frage. „Was Ihre Träume angeht, wollte ich Ihnen sowieso anraten unseren Psychologen aufzusuchen", sagte Professor Sendiol. „Denken Sie ich bin verrückt", kam meine Frage fast lautlos. Mit großen Augen schaute ich ihn an und erwartete seine Antwort. „Nein, Frau Taler. Ich denke ganz bestimmt nicht, dass Sie verrückt sind.

Aber Sie sind eine der wenigen Patienten, die ich kennen lernen durfte, die über Nahtoderfahrungen berichten kann. Ich würde gerne gemeinsam mit Ihnen einen Kollegen konsultieren und über das was Sie berichten Forschungen anstellen. Natürlich nur mit Ihrem Einverständnis. Aber ich denke, dass es für Sie auch von großem Nutzen sein wird, um das Geschehene zu verarbeiten", war seine Erläuterung. „Gut, lassen Sie uns einen Termin vereinbaren. Ich habe tatsächlich auch einige Fragen – vielleicht kann mir ein Seelenklempner da weiter helfen", entschied ich. Dann wurde ich von Kopf bis Fuß untersucht. Röntgenaufnahmen, CT, Blutentnahme, EKG – das ganze Programm, um dann letztendlich festzustellen, dass alles verheilt war. Der Professor drückte mir zufrieden die Hand und meinte: „Frau Taler, Sie haben einen besonders geschickten Schutzengel gehabt. Eine zeitlang waren uns Medizinern die Hände gebunden und wir konnten nur hoffen, dass Sie es überstehen würden. Wenn ich Sie jetzt so vor mir sehe, ist es für mich wie ein Wunder und umso mehr erfreut es mich, dass Sie auch selbst sagen, dass es Ihnen gut geht. Ich werde den Termin mit unserem Psychologen vereinbaren und melde mich bei Ihnen. Ihre Nummer steht in den Akten". „Danke Herr Professor. Ich bin schon sehr gespannt, was Ihr Kollege zu meiner

Geschichte sagen wird." verabschiedete ich mich.

Ich entschied mich von der Uniklinik zu Fuß nach Hause zu gehen. Das war zwar ein ordentliches Stück, aber Luft zu atmen und die Geräusche des Lebens zu erleben, schenkten mir Kraft. Ich empfand den Termin bei Professor Sendiol sehr angenehm und war über sein Ergebnis hoch erfreut. Mit diesen Gedanken machte ich mich auf den Weg.

Ich kam an einer kleinen Kapelle vorbei und entschied mich rein zugehen. Ein wundervolles Gebäude, schlicht und doch sehr edel. Vorne am Altar stand ein kleiner Beistelltisch mit Teelichtern. Ich warf einen Euro in die danebenstehende Kasse und zündete eine Kerze an. Dann setzte ich mich in die erste Reihe und genoss die Ruhe. Meine Gedanken schweiften in die Vergangenheit und ich hörte Orgelmusik. Dann sah ich ganz deutlich die Friedhofskapelle in der mein Sarg stand. Nun saß ich hier mit all meinen Gedanken. Ich lebte und war nach Aussagen meines Arztes kerngesund. Im Stillen dankte ich Gott für mein Leben. Ein klein wenig hoffte ich darauf, dass sich hier an solch einem Ort auch eines meiner Fusseltücher blicken lassen würde. Wie gerne hätte ich jetzt eine Unterhaltung mit denen gehabt? Stattdessen setzte sich Pater Domenik neben

154

mich. „Sei gegrüßt meine Tochter", waren seine Worte. „Pater Domenik, Sie hier? Guten Tag!" Ich schoss in die Höhe und gab ihm die Hand. Er war der Pater, der mich getauft hatte, der mich zur Kommunion begleitete und der meiner Firmung beiwohnte. Ob er wohl wusste, dass ich aus der Kirche ausgetreten war? Bestimmt wusste er das. „Sina, ich darf dich doch noch Sina nennen?", fragte er freundlich. Ich lächelte und nickte ihm zu. Dann fuhr er fort: „Ich habe von deinem schrecklichen Unfall gehört und davon, dass du Kontakt zu Boten des Herren hattest. Kannst du mir bitte davon berichten?" „Sie denken, es waren Boten von Gott?", fragte ich mit sichtlich ungläubiger Miene. „Mein tiefer Glaube untersagt eine andere Annahme. Erzähl mir, wie sehen sie aus? Was erzählen sie?", bat er mich weiter. Ich erzählte ihm, dass sie kommen und gingen und man nie richtig wusste, wann das war. Das sie weißen Leintüchern glichen und ihre Gesichter nicht zu beschreiben seien. Ich sagte ihm, dass sie mich beschützen sollten, weil ich in einer Art Zwischenwelt sei und das ich mich vor dem was kommen solle, nicht fürchten müsse, weil es etwas unglaublich Schönes sei. Die Anwesenheit der Fusseltücher sei angenehm, berichtete ich weiter und dass ich sie jetzt manchmal vermissen würde. Der Pater hörte mir wortlos zu und war wie gebannt von meinen Worten. „Bitte Pater, denken Sie nicht

ich hätte nicht mehr alle Tassen im Schrank",
bat ich ihn. „Nein das denke ich garantiert
nicht. Sag – gab es kein weißes Licht oder
einen Tunnel?" fragte er weiter. Aber über
dieses Klischee konnte ich nicht verfügen. Ich
berichtete ihm, dass es wie im Leben war, nur
das man nicht mehr dazugehörte. Mir aber die
„anderen" gesagt hätten, dass es später dann
anders sei, wenn man rüber ins Jenseits dürfte.
Ich erzählte ihm weiter von dem Erlebten, was
sich im Nachhinein als falsch erwiesen hätte.
Da ja nicht ich, sondern Patrizia vom Turm
gestürzt wurde. Er fragte nach, ob ich
tatsächlich dachte, es seien meine Erlebnisse
gewesen. Das konnte ich mit Sicherheit
bejahen. Pater Domenik bezog sich auf Studien,
bei denen er selbst auch mitwirkte. Seine
Theorie zu diesem Thema war, dass ich
vermutlich zum genau gleichen Zeitpunkt ins
Koma fiel, als Patrizia zu Tode kam und
deshalb eine Verbindung der Seelen
stattgefunden hätte. Seine Erläuterung klang
eigentlich plausibel – und doch sehr verwirrend.
„Sina, du musst es als Botschaft deuten!", sagte
der Pater eindringlich. „Es muss eine
Begründung dafür sein, dass du dich bis heute
an das alles erinnern kannst. Die meisten
Nahtoderfahrungen sind nur wenige Stunden
nach Eintritt in die reale Welt noch existent,
danach können sich die Menschen nicht mehr
genau daran erinnern. Bei dir scheint das ...,

weiter sagte er nichts. Ich schaute zur Uhr und erschrak, wie schnell die Zeit vergangen war. „Pater Domenik, entschuldigen Sie – aber ich muss dringend gehen", sagte ich und nahm seine Hand zum Abschiedsgruß. „Sina, denke bitte an die Botschaft und besuche mich bald wieder. Ich danke dir für dieses sehr erfreuliche Gespräch. Gott segne Sie, mein Kind", entgegnete mir der Priester. Er wirkte etwas durcheinander. Er sprach mich mit Sina an und wechselte zwischen du und sie. Eigentlich störte mich das nicht. Es zeigte mir nur, wie sehr es den Priester aus der Fassung brachte, meine Geschichte zu hören. Sein Gesichtsausdruck war weich und zufrieden.

Auf dem Nachhauseweg gingen mir seine Worte natürlich nicht mehr aus dem Kopf. Wie er das wohl gemeint hatte – „eine Botschaft?" Allerdings musste ich feststellen, dass ich zum ersten Mal über die ganze Geschichte gesprochen hatte, ohne mich dabei lächerlich zu fühlen. Dieser Pater schien Verständnis für meine Situation zu haben. Außerdem gefiel mir die Erklärung, warum ich dachte, dass ich vom Turm gestürzt wurde. Warum ich auf meiner eigenen Beerdigung war, die es real nie gab. Ich entschied mich dafür, ihn bald wieder zu besuchen. Aber als allererstes würde ich beginnen, meine Koma-Erlebnisse auf Papier zu bringen. Der Gedanke, dass man sich später nicht mehr daran erinnern konnte – wollte mir nicht gefallen. Irgendwie hoffte ich schon, dass ich es irgendwann vergessen würde – aber noch nicht gleich jetzt.

Kaum hatte ich meine Wohnungstür aufgeschlossen, klingelte das Telefon. Paul war dran und wollte sich nach den Ergebnissen in der Klinik erkundigen. Ich sagte ihm, dass alles soweit ok sei und dass Professor Sendiol mit mir zu einem Psychologen wollte. Paul fand die Idee ganz gut. Er meinte, die Geschichte mit einem Fachmann aufzuarbeiten, sei bestimmt kein Fehler. Auf die Begegnung in der Kapelle verzichtete ich – zumindest für den Moment. Wir verabredeten uns zum Abendessen beim Chinesen, bei mir um die Ecke. Als das Telefonat beendet war, setzte ich mich erst einmal auf mein Sofa. Weiße Pfote begrüßte dies sehr und kam gleich angetrottet um sich seine Streicheleinheiten abzuholen. Nach einer Weile beschloss ich meine Geschichte in Stichworten aufzuschreiben um es zu einem späteren Zeitpunkt in ein Tagebuch einzutragen. Es sollte ein Buch nur für mich sein. Meine Gefühle und Erlebnisse einfangen – für später einmal. Dann ging ich ins Badezimmer und nahm eine warme Dusche. Das tat gut und schüttelte den Tag von mir ab. Nun galt es sich für das Abendessen hübsch zu machen. Und wieder mal mein Lieblingsproblem: Was ziehe ich an? Nach einigem Überlegen entschied ich mich für mein schwarzes, knielanges Kleid mit V-Ausschnitt. In dem sah ich schlank und jugendlich aus, ohne aufgedonnert zu wirken. Meine Haare hatte ich hochgesteckt und nur ein paar Fransen in die Stirn gezogen. Etwas Make-up und Angel aufgetragen und man konnte mich auf die Menschheit loslassen. Ich freute mich auf Paul.

Paul war wie immer pünktlich und er sah toll aus. Jedes Mal wenn ich meine Wohnungstür öffnete und er da stand, überkam mich dieses Kribbeln im Bauch. War das jetzt dieses „Kochen im Blut", „Rauben des Verstandes" auf das ich immer gewartet hatte? Falls es das war, war ich pauschal schon mal sehr entzückt darüber, dass es mir mit einem Mann wie Paul passiert ist. Er ist jede Art von Gefühl in mir wert. Er brachte mir einen Strauß roter Rosen mit und seine Augen verrieten mir, dass auch er sich auf diesen Abend freute. Sein Begrüßungskuss war leidenschaftlich. „Du riechst gut. Wollen wir wirklich zum Essen weg gehen", sagte er mit einem verschmitzten Lächeln. „Aber klar doch. Sonst liegen am Ende zwei verliebte Skelette in meinem Schlafzimmer und das will ja schließlich keiner", gab ich frech zur Antwort, schnappte meine Handtasche und schob ihn aus der Wohnung raus.

12

Am nächsten Tag besuchte ich meine Eltern. Ich bat meine Mutter, mit mir gemeinsam aufs Münster zu gehen. „Sina, bist du dir sicher, dass du das jetzt schon möchtest?" war ihr Einwand. „Ja, ich bin mir sicher. Wenn ich da jemals wieder hin gehe, mit wem außer mit dir sollte ich das tun? Es ist unser Münster und das wird es immer bleiben. Egal was da oben geschehen ist. Geh mit mir dort hin, bitte!" gab ich zur Antwort. Meine Mutter willigte in die Aktion ein. Wobei ich mir sicher war, dass sie dies allein meinetwegen tat. Wieder einmal galt es 768 Stufen zu besteigen. Als wir oben waren, mussten wir beide lachen und empfanden unser Vorhaben als zu blöd um wahr zu sein. Nach wenigen Minuten war unser Atem wieder normal und wir konnten die Aussicht genießen. „Mam, wie oft waren wir schon hier? Ich werde das Erlebnis mit dir hier oben gewesen zu sein, mein ganzes Leben in mir tragen", sagte ich. Meine Mutter weinte und nahm mich in den Arm. Dann gingen wir zu „unserem" Platz. Das war eine kleine abgeschrägte Stelle auf dem Turm, an der man sich setzen konnte. Ich wollte mit meiner Mutter meine Komaerlebnisse besprechen und ich erzählte ihr von meiner eigenen Beerdigung. Wie mein Sarg aussah, wie alles geschmückt war. Ich nannte ihr die

Kirchenlieder und den gesamten Ablauf. Meine Mutter war geschockt von meinen Schilderungen und bestätigte mir, dass sie zu keinem Zeitpunkt nach meinem Unfall gedacht hatte, ich sei tot. Diese Beerdigung war Bestandteil meines Komaempfindens. Es war sehr wichtig für mich, diese Bestätigung von meiner Mutter zu hören. Hatte ich immer noch das Bild von ihr im „Schwanen" im Kopf – unglaublich. „Sina, ich hoffe, dass dieser Unfall dir nicht deine Frohnatur geraubt hat. Ich wünsche mir so sehr, meine alte Tochter zurück. Ich spüre, dass dich diese Geschichte sehr bedrückt. Mir fehlt dein Lachen und deine Unbeschwertheit", gab meine Mutter zu bedenken. Ich nahm sie in den Arm und beteuerte, dass bald alles wieder sein würde, wie es einmal war. Dann machten wir uns auf den Abstieg. Also 768 Stufen im Kreis nach unten sind auch nicht gerade lustig. Unten angekommen waren wir uns einig, diesen Tag mit einem schönen Glas Prosecco in der Fußgängerzone abzuschließen. Es tat mir unendlich gut, Schritt für Schritt mit meiner Geschichte klar zu kommen. Ich versuchte für mich einen Weg zu finden, um die schlimmsten Bilder in meinem Kopf wieder loszuwerden. Einiges an Erfahrung wollte ich mir aber auch bewahren, um für die Zukunft gewappnet zu sein. Nun galt es zu entscheiden, welche

Empfindungen und Geschehnisse in welche Schublade zu räumen war. Ich brauchte Zeit.

Es war Montag und seit meinem Unfall mein erster Arbeitstag. Ich wurde im Büro mit einem riesen Hallo empfangen. Alle Kollegen begrüßten mich sehr herzlich und auf meinem Schreibtisch stand ein Blumenstrauß. Und wie konnte es anders sein als: Rote Rosen und Margariten? Es war sehr schön wieder hier zu sein. Als sich die Begrüßungsaufregung wieder etwas gelegt hatte, war ich in meinem Büro alleine. Ich öffnete meine Schreibtischschubladen. Mir war plötzlich wieder das Bild in den Sinn gekommen, als ich sah wie Claudia meinen Schreibtisch räumte und weinte. Ich war hier – dessen war ich mir sicher. Nun kam zu diesen Gedanken des Priesters Stimme hinzu die sagte: Sina, denke an die Botschaft! Lieber Himmel, drohte ich tatsächlich verrückt zu werden? Ich hatte alle Mühe zu sortieren, was ich während des Komas erlebte und was in mein reales Leben gehörte. Manches vermischte sich auf gefährliche Art und Weise. Wer konnte mir in dieser Lage weiterhelfen? Ich setzte meine Hoffnung auf den Termin beim Seelenklempner. Was aber in jeder Lebenslage half war Ablenkung und die sollte mir jetzt und heute erst einmal mein Job bieten. Die ersten E-Mails mit Geschäftspartnern und Telefonate waren erledigt und es ging leichter als ich dachte. Ich war so lange weg und es dauerte nur ein paar Stunden und ich war wieder hier, als ob nichts geschehen wäre. Eigentlich empfand ich diesen Zustand als Befreiung.

Nach Büroschluss war ich mit Paul verabredet. Ich entschloss mich, wieder mal zu Fuß zu gehen. Ich war vielleicht geschafft. Ein ganzer Arbeitstag und die Sina war platt. Paul wollte heute Abend für uns kochen. Da war ich natürlich schon sehr gespannt, was es Leckeres geben würde. Da wir im Essensgeschmack sehr ähnlich waren, musste ich mir keine Sorgen machen, dass es etwas gab, was ich vielleicht nicht mochte.

Bei ihm zu Hause angekommen, öffnete er mir die Tür. Er hatte sich ein Geschirrtuch umgebunden und sah einfach süß aus. „Hallo Schatz - komm rein. Ich kämpfe gerade noch mit dem Huhn - aber die Chancen, dass ich gewinne stehen gut.", war seine Begrüßung. „Kann ich dir behilflich sein?", fragte ich der Höflichkeit wegen. Hoffte natürlich, dass er es verneinen würde, da ich mich schon auf den gemütlichen Schaukelstuhl in seinem Wohnzimmer freute. Zum Glück, er benötigte meine Hilfe nicht und ich konnte einige Minuten in dem schaukelnden Ding verbringen. Als er mit dem Kochen fertig war, holte er mich höchstpersönlich zum Essen ab und führte mich ins Esszimmer. Er schob mir den Stuhl zurecht und stellte mir auf meinen Teller eine kleine Schatztruhe. „Ich weiß, das ist jetzt etwas kitschig, aber mach mal auf", bat er mich. Meine Gedanken machten Sprünge. Der wird mir doch jetzt keinen Heiratsantrag machen, dachte ich bei mir. Das wäre doch noch viel zu früh.

Meine Hände fingen an zu zittern. „Lass dir nichts anmerken, Sina – bleib ganz cool", waren meine Gedanken. Ganz vorsichtig öffnete ich die kleine Schatulle und da blitzte er mir entgegen. Der Hausschlüssel von Paul. Puh, war ich erleichtert. Paul lächelte mich an und übergab mir somit hochoffiziell Eintritt in sein ganz persönliches Reich. Nachdem sich meine innere Spannung gelegt hatte, fand ich die Idee super schön. Auf so etwas musste man erst einmal kommen. So einen Mann hatte ich mir immer gewünscht. Einer der Überraschungen für mich bereithielt, der mich liebte und so nahm, wie ich nun mal war. Sehr schwierig – aber Paul war der Beweis, dass es ging. Er war auch nicht immer einfach, kein Mensch ist das. Wenn man jedoch die Macken des Anderen annehmen kann und sie einen nicht zu sehr störten, war der Anfang gemacht. Paul hatte für uns Hühnerragout in Currysoße mit Reis gekocht – super lecker. Wir verbrachten einen wunderschönen Abend miteinander, haben viel gelacht und uns immer wieder tief in die Augen gesehen. Das hierbei empfundene Gefühl, ließ sich nicht in Worte fassen, aber ich wünschte jedem Menschen, dass er genau solche Empfindungen erleben durfte. Wenigstens einmal im Leben. Es war es wert.

Als wir zu Bett gingen, lag ich noch eine halbe Ewigkeit wach neben diesem gutaussehenden Herrn mit Grübchen im Gesicht. Warum war ich so erschrocken, als er mir die Schatztruhe gab? Was wäre an einem Heiratsantrag so schlimm gewesen? Diese Gedanken fingen an mich zu beschäftigen. Bekam ich Angst davor, dass jemand die Tür aus meinem alten Leben zu machen könnte? Oder lag es einfach nur daran, dass ich noch nie wirklich vor so einer Entscheidung stand? Gedanken über Gedanken und irgendwann war ich darüber eingeschlafen.

Der nächste Morgen begann recht hektisch, da unser Wecker versagte. Also sprangen wir beide wie zwei Hühner vor dem Abschuss aus dem Bett und jeder versuchte so gut es ging, etwas Ansehnliches aus sich zu machen, um dann schnell ins Büro zu kommen. Kein Frühstück, keinen Kaffee, nur einen Schmatz auf die Stirn und der Tag begann. Paul rief mir beim hinausgehen noch zu: „Ich ruf dich später an. Wünsche dir einen schönen Tag".

Ich saß in der Straßenbahn und war mir sicher, die Sina war zum ersten Mal so richtig verliebt. Gleichzeitig überkam mich eine unbeschreibliche Angst, dass mir dieses Glück zerstört werden könnte. Meine Mutter sagte mal zu mir: „Du wirst mich erst verstehen können, wenn du selber Kinder hast. Dann wirst du erleben wie viel angst man jeden Tag mit sich trägt, weil man denkt, dass einem der Kinder was Schlimmes passieren kann. Ich bitte dich einfach, meine Ratschläge zu befolgen, damit ich ein gutes Gefühl habe, wenn du aus dem Haus gehst. Und melde dich, falls mal was dazwischen kommt. Für dich ist es nur ein Anruf, für mich bedeutet es Frieden". Zum ersten Mal konnte ich mir halbwegs vorstellen, was sie mir sagen wollte. Wenn man liebte, war man verletzlich, angreifbar. Trotzdem durfte das Gefühl der Angst nicht die Oberhand bekommen. Als Schutzfunktion ganz in Ordnung - aber dann musste das normale Leben weitergehen - sonst wird man ja verrückt.

Gemeinsam mit Professor Sendiol ging ich zum Psychologen der Uniklinik Ulm. Wieder wurde das gesamte Erlebte und Scheinerlebte durchforstet. Beide Doktoren machten sich Notizen und waren sehr interessiert an meinen Schilderungen. „Wissen Sie Frau Taler. Bisher bestehen unsere Studien aus dieser Licht-Tunnel-Version. Das von Ihnen berichtete weicht von allem Bisherigen ab. Wir müssen genauestens abwägen, wie viel Erlebtes und wie viel Fantasie während Ihrem Koma von Ihnen Besitz genommen haben. Mir wurde schnell bewusst, dass ich hier als Versuchskaninchen abgestempelt wurde und die Herren sowieso nicht an mich glaubten. Ich hatte aber diese Licht-Tunnel-Geschichte nicht. Zu keinem Zeitpunkt. Es gab ja noch nicht einmal einen Anfang und ein Ende des Empfindens. Es fing an und hörte einfach wieder auf. Aber die beiden Mediziner schienen mich nicht zu verstehen. Sie studierten an einem Thema herum, das wohl nicht mein Thema war. Als der nächste Termin war, beschloss ich, dass meine Erinnerungen plötzlich erloschen waren. Ich berichtete, dass ich mich seltsamerweise von jetzt auf nachher an kaum etwas erinnern könnte. Dies passte nun wieder in die bisherigen Forschungen der Herren und gab mir meine liebe Ruhe zurück. Sie bestätigten mir, dass ich ab jetzt garantiert ganz gesund sein würde. Der Einzige, der wirklich wusste, wie ich empfand und der es schätzte, dass ich darüber sprach, war Pater Domenik. Also beschränkte ich meine Berichte auf ihn.

Es war ein Sonntagmorgen im Juli 2007. Paul hatte bei mir übernachtet. Als ich Frühstück machte, ging er kurz runter zum Kiosk um eine

„Bild am Sonntag" zu kaufen. Die Schlagzeile lautete:

Junge Frau stürzte sich von Parkhausdach. Die Polizei geht von einem Selbstmord aus. Der Tatort wies keine Kampfspuren aus. Sachschaden entstand keiner.

Ich wurde blass und schob die Zeitung zu Paul rüber. Er las und bat mich keine falschen Schlüsse zu ziehen. „Paul, der Täter von Patrizia wurde immer noch nicht gefasst. Was, wenn es doch dieser Dr. Berber war?" erklärte ich mich. „Das geht uns nichts an. Wir dürfen uns da nicht einmischen. Die Polizei macht ihre Arbeit. Lass die alten Geschichten ruhen. Sina, wir wissen nicht, was ein Streich deines Unterbewusstseins und was echt war. Du hattest so starke Medikamente in dir, da kann nichts mehr Reelles dabei rauskommen", war seine Erklärung, die eine weitere Diskussion im Keim erstickte.

Ich konnte meine Enttäuschung über sein Verhalten kaum unterdrücken. Es verletzte mich, dass ausgerechnet er, so reagierte und ich wäre nicht Sina Taler, wenn ich jetzt Ruhe geben würde. Mein Entschluss stand fest: Ich mische mich ein. Ich werde unbequem sein und ich werde auch Unterstützung bekommen, lauteten meine Parolen. Dann nahm ich mein

Telefon und wählte die Nummer der Mordkommission in Stuttgart. „Guten Tag, mein Name ist Sina Taler, kann ich bitte Leon Mittag sprechen?" bat ich den netten Herren am anderen Ende der Leitung. „Tut mir leid Frau Taler, Leon hatte heute Nachtdienst und kommt erst am Abend wieder. Kann ich etwas ausrichten?" antwortete der Kollege. „Nein danke, ich versuche es privat bei ihm, tschüß", gab ich freundlich zurück und legte auf. Paul sah mich fragend an und sagte nach ein paar Minuten: „Wenn es dir so wichtig ist, helfe ich dir natürlich. Aber sei nicht enttäuscht, wenn nichts dabei rauskommt. Ich will einfach nicht, dass du dich in diese Sache so rein steigerst. Es tut dir nicht gut. Am Ende stehst du als Verliererin da". Er nahm mich in den Arm und küsste mich sanft auf die Stirn. „Danke, Paul. Ich brauche dich jetzt mehr als je zuvor. Ich weiß, dass es für dich schwer sein muss mit mir – aber ich kann nicht anders, sagte ich. Er nickte und meinte: „Ich weiß".

Wir fuhren gemeinsam zu Bettina und wie es der Zufall wollte, war Leon auch gerade da. Meine Freundin freute sich über unseren unangemeldeten Besuch und zauberte direkt zwei Kaffeegedecke für uns auf den Tisch. Lotta und Karl spielten im Garten Federball. Als sie uns sahen, gesellten sie sich zu uns an den Tisch. Lotta war schon eine kleine große

Lady geworden. Sie freute sich auf das Baby und sicherte allen Anwesenden zu, dass sie auf das Kind aufpassen würde, wenn Mama und Papa mal nicht da seien. Ein herrlich lockerer Nachmittag unter Freunden. Nachdem wir unseren Kaffee getrunken hatten und der allgemeine Smalltalk erledigt war, bat ich Leon, ein paar Schritte mit mir zu gehen. Ich erzählte ihm von dem Zeitungsbericht in der „Bild am Sonntag". Zu meiner Überraschung meinte Leon: „Sina, ich habe das auch gehört und dann ist mir deine Geschichte wieder eingefallen. Ich kann dir nicht sagen warum, aber ich habe die DNA von dieser Patrizia angefordert und die Frau vom Parkhaus wird noch obduziert. Sollte es ein Zusammenhang der beiden Fälle geben, werde ich es herausfinden, das verspreche ich dir. Und sollte dieser Berber etwas damit zu tun haben, scheue ich mich nicht, ihn zu verhaften. Egal welche Position der bei der Polizei hat. Gib mir ein wenig Zeit". Sichtlich erleichtert, strahlte ich Leon an. „Ich danke dir. Du glaubst nicht wie viel mir deine Unterstützung bedeutet. Ich werde sonst nie meinen Frieden finden", sagte ich zu ihm, während ich ihn fest an mich drückte. „Für was hat man die guten Freunde? Wenn wir nicht mehr zusammen halten, ist das Leben wohl vorbei", zwinkerte er mir zu. Dann gingen wir zu den anderen zurück. Bettina meinte: „Leon – welche Art von Geheimnis hast du mit meiner besten Freundin?"

„Schwesterlein, manche Dinge musst du einfach nicht wissen. Weißt du, die Sina hat mir ihre jahrelange Liebe gestanden. Das konnte sie natürlich nur unter vier Augen", scherzte er zurück. Paul sagte nur: „Wie heißt dieses Wort in den Talkshows, wenn man Einspruch erheben wollte?" Bettina antwortete: „Veto".

Und Paul schrie ganz oft: „Veto, Veto, Veto". Alle fingen an zu lachen und es wurde ein herrlich beschwingter Tag, trotz des dramatischen Beginns.

Endlich spürte ich mein Leben wieder. Auch wenn ich etwas traurig war, dass mich meine Fusseltücher wieder verlassen hatten und mich zurückschickten. In solchen Momenten war ich ihnen sehr dankbar. Ich hatte ein Gefühl in mir, dass mir sagte: alles wird gut. Die Unterstützung von meinen Freunden war von großer Bedeutung für mich.

Leon meldete sich in unregelmäßigen Abständen und hielt mich auf dem Laufenden, was den Stand der Ermittlungen ergab. Ich bekam natürlich nur so viel an Informationen, wie er vor seinem Amt als Kommissar vertreten konnte. Jedoch war nach kurzer Zeit klar, dass auch die Frau vom Parkhaus keine Selbstmörderin war. Die Ulmer Polizei bildete eine Sonderkommission: „Absturz".

Dr. Berber wurde beschattet und auch er wurde DNA-technisch überprüft. Die Beamten gingen sehr behutsam mit ihren Ermittlungen um, damit der Knast-Psychologe keinen Verdacht schöpfte. Leider war der Täter, wer immer es war, sehr clever. Er hinterließ keine Spuren. Der einzige Hinweis, den es bisher gab, waren jeweils die Hautpartikel unter den Fingernägeln der beiden Opfer. Die einzige Chance, den Täter zu überführen.

13

Es war mal wieder Samstagabend. Bettina und ich gingen zu einer Lesung, die in der Stadtbibliothek abgehalten wurde. Eine meiner Lieblingsautorinnen las aus ihrem neuesten Roman. Früher waren Bettina und ich oft gemeinsam unterwegs. Konzerte, Kino, Shoppingtouren waren unser Ziel. Da sie jetzt schwanger war, waren wir gezwungen, ruhigere Dinge zu unternehmen und da war eine Autorenlesung genau das Richtige. Der Raum war sehr festlich geschmückt. Die Vortragende saß hinter einem Tisch, der mit einer blauen Samttischdecke bedeckt war. Vor ihr waren ca. 20 Stuhlreihen aufgebaut. Alle Sitzplätze waren besetzt. Rings um die Zuhörer waren überall kleine Teelichter aufgestellt. Das einzige „echte" Licht im Raum, war eine kleine Leselampe direkt vor der Autorin. Das Ambiente gefiel mir sehr gut und unterstrich das Thema des Romans. Im Anschluss an die Lesung konnte man sich mit der Schriftstellerin unterhalten und ein Glas Sekt trinken – sehr nett. Gegen 23.00 Uhr meinte Bettina: „Wir sollten uns so langsam auf den Heimweg machen". Ich nickte ihr zu, stellte mein Glas auf eines der silbernen Tabletts und wir verabschiedeten uns. Wir entschieden, ein gemeinsames Taxi zu nehmen. Zuerst zu Bettina, dann zu mir.

Als der Taxifahrer Bettina aussteigen ließ, hatten wir noch eine ca. 20 Minütige Fahrt vor uns. Mein Chauffeur war ein sehr ruhiger Geselle und so konnte ich noch ein bisschen meinen Gedanken nachhängen. Es war eine klare Nacht. Man konnte den nahenden Herbst schon spüren. Ich freute mich auf das, was dieser Herbst mir bringen sollte. Vor meiner Haustür angekommen, machte mir der Taxifahrer die Rechnung und wünschte eine gute Nacht. Ich erwiderte den Gruß und stieg aus. Die Straßenlaterne vor meiner Haustür war ausgefallen. So ein Mist. Den Hausschlüssel kramte ich zwar schon im Taxi aus meiner Handtasche, aber genau auf dem Teppichabtreter fiel er mir aus der Hand. Na, prima. Wo war denn jetzt dieses blöde Ding? Ich beugte mich nach unten und nach einigem Abtasten des Fußabtreters fand ich den Schlüssel dann auch. Als ich wieder in die Höhe kam und mich umdrehte stand da ganz dicht ein Mann. Ich erschrak fürchterlich, und das einzige was ich sagen konnte war ein: „Huch, haben Sie mich aber erschreckt". Danach spürte ich nur noch einen dumpfen Schlag.

„Sina, du darfst jetzt nicht schlapp machen. Es gibt keinen neuen Auftrag für uns, dich mitzunehmen. Gib dir ein bisschen Mühe und mach die Augen auf", erkannte ich eine vertraute Stimme. Mein „Engel", mein Fusseltuch, mein Wesen aus der anderen Welt war bei mir. „Hallo, ist das schön dich zu sehen", begrüßte ich es. „Nein, ist es nicht!!! Du darfst nicht hier sein", war seine sehr forsche Antwort. Ich lachte und sagte: „Immer wenn wir zwei aufeinander treffen, kann ich nicht verstehen, was du mir sagen willst. Also nichts Neues". „Dann erklär ich es dir", sagte das Fusseltuch etwas genervt. „Du bist schon wieder zwischen den Welten. Das muss aber ein Irrtum sein, weil du nicht auf unserem Plan stehst. Nach deinem letzten Aufenthalt war unser Auftrag klar und deutlich, dich hier zu lassen, weil du noch ein paar Jahre auf der Erde bleiben solltest". „Aha, das hört sich sehr spannend an. Kannst du mir vielleicht noch sagen, wie lange? Werde ich mal Kinder haben? Heirate ich Paul? Werde ich alt und grau und vielleicht sogar senil?" waren meine Fragen. „Das kann ich dir nicht beantworten, gehört nicht in mein Aufgabengebiet. Aber sei dir sicher, wir haben dich kennen gelernt und sind uns einig, dass du ein besonderer Mensch bist, der ein besonderes Leben verdient hat. Wir freuen uns zwar auch schon, bis du tatsächlich in unsere Welt gehörst. Aber das hat noch Zeit.

Du weißt ja, wir haben Zeit bis in alle Ewigkeit. Versprich mir, dass du dir jetzt ganz viel Mühe gibst und dich ins Leben zurückholen lässt", beendete es unser Gespräch. „Ok, ich verspreche es", gab ich zurück.

Was haben Sie gesagt? Können Sie das noch einmal wiederholen? Was versprechen Sie? Als ich die Augen öffnete hing ein Arzt über mich gebeugt. Ziemlich schnell begriff ich, dass ich in einem Krankenhaus war und dieser Doktor hörte, was ich meinem Fusseltuch zur Antwort gab. „Wo bin ich hier? Was ist passiert?" versuchte ich die Situation zu sortieren. „Frau Taler Sie wurden auf der Straße überfallen. Jemand hat Sie mit einem Gegenstand niedergeschlagen. Zum Glück haben Sie nur eine Platzwunde am Kopf und wir gehen von einer starken Gehirnerschütterung aus. Am Anfang gab es Anzeichen für Hirnschwellungen, die sich zum Glück nicht bestätigten. Ihre vorübergehende Bewusstlosigkeit machte eine genauere Diagnose schwer. Erst das CT brachte uns die Gewissheit, dass Sie bald aufwachen würden und die Verletzungen rein äußerlicher Natur sind. In ein paar Tagen müssten Sie wieder auf den Beinen sein. Vor der Türe steht ein Polizeibeamter, der hat ein paar Fragen an Sie. Kann ich ihn herein bitten?" fragte der Arzt. Ich nickte und somit kam der Beamte in mein

Krankenzimmer. Ich erkannte ihn, als den Polizist wieder, der damals Paul aus seiner Wohnung abführte. „Frau Taler, guten Tag. Mein Name ist Erwin Kolb, ich bin der ermittelnde Kommissar in Ihrem Fall. Können Sie sich an irgendetwas erinnern?", wollte er wissen. Ich berichtete von meiner Taxifahrt nach der Lesung und das die Straßenlaterne vor meiner Haustür ausgefallen war. Das ich meinen Haustürschlüssel verlor und dann nur noch diesen Schlag spürte. Ich erkannte niemanden und konnte mir die Sache auch nicht erklären. „Nun, sagt Ihnen der Name Paul Meisenhard etwas?" fragte er weiter. Mir wurde ganz heiß. „Ja, warum? Er ist mein Freund", gab ich zur Antwort. Wir hatten in seiner Garage eine Eisenstange gefunden. Laut Spurensicherung wurden Sie damit niedergeschlagen. Es sind Ihre Blutspuren an der Tatwaffe. Jedoch keine Fingerabdrücke. Wir hatten Herrn Meisenhard schon einmal im Visier, als diese Frau vom Münster gestürzt wurde. Sie haben ja sicherlich davon gehört?" berichtete er weiter. Mir wurde übel und ich musste mich übergeben. Eine Schwester kam in den Raum und bat den Kommissar zu gehen. Ich bräuchte jetzt Ruhe. Was sagte dieser Mann da? Paul soll mich niedergeschlagen haben? Nein, das konnte nicht sein. Bitte, bitte – das darf nicht sein. Als der Arzt ins Zimmer kam, bemerkte er meine Aufgebrachtheit. „Frau Taler

Sie dürfen sich auf keinen Fall so aufregen. Ich gebe Ihnen etwas zur Beruhigung", sagte er. Danach bekam ich eine Spritze und war eingeschlafen.

Ich war nun schon seit drei Tagen in diesem Krankenhaus und Paul kam nicht. War er also tatsächlich festgenommen worden. Bettina besuchte mich. Sie erzählte, dass sie zu Paul wollte, aber dass er während der Untersuchungshaft nur Besuche vom Anwalt bekommen durfte. Ich bat Bettina, den Anwalt ausfindig zu machen und ihn zu bitten, hier her zu kommen. Ich musste mit diesem Mann reden. Kein leichtes Unterfangen. Doch Bettina blieb hartnäckig und schaffte es, den Kontakt herzustellen. Am nächsten Tag klopfte es an meiner Tür und ein Mann betrat den Raum. „Guten Tag, ich bin Frederik Ohlsen, ich vertrete Herrn Meisenhard. Eigentlich dürfte ich nicht hier sein, aber Ihre Freundin ließ nicht locker", stellte er sich vor. Ich setzte mich im Bett auf und bat ihn Platz zu nehmen. „Herr Ohlsen, was sagt Paul zu dieser Anschuldigung?", war meine erste Frage. „Er sagt, dass er nichts damit zu tun hat und dass er keine Erklärung für die Eisenstange habe", gab er zur Antwort. Erleichterung machte sich in mir breit. War ich doch sehr froh, dies zu hören. „Ich denke, dass hier gerade eine riesen Sauerei abläuft und sobald ich wieder fit bin, hole ich

Paul aus dem Schlamassel raus", sagte ich siegessicher. Der Anwalt befragte mich nach dem Tathergang und ob ich mir vorstellen könnte, dass Paul etwas mit der Sache zu tun hatte. Natürlich konnte ich mir das nicht vorstellen. Zumindest hoffte ich dies. Eine unbeschreibliche Angst wohnte in mir. Ich betrachtete mein Leben als beendet, sollte Paul doch der Täter sein. Mir wurde in sekundenschnelle klar, dass ich mich von diesem Reinfall mein ganzes Leben nicht mehr erholen würde.

Nach einer Woche wurde ich aus der Klinik entlassen. Ich saß auf meinem Sofa und weiße Pfote leistete mir Gesellschaft. Paul durfte noch immer keinen Besuch empfangen, schon gar nicht von mir als Opfer. Es klingelte an meiner Haustüre. Pater Domenik stand da. „Hallo Sina, ich habe von dem Überfall gehört und wollte mal nach dir sehen. Wie geht es Ihnen, mein Kind?", war seine Begrüßung, wieder du und sie vermischt. Ich bat ihn herein und wir tranken gemeinsam eine Tasse Tee. Er wollte natürlich wissen, ob sich meine Freunde aus der anderen Welt gemeldet haben. Ich berichtete ihm alles erlebte und er war sehr glücklich über meine Auskunftsfreude. Er sah in mir eine Botin zwischen Himmel und Erde. Vermutlich hatte er mit dieser Betrachtungsweise gar nicht so Unrecht. Dafür gab er mir auch das Gefühl, dass er meinen Erzählungen glaubte. Ich wusste, dass ich die Fusseltucherlebnisse nicht jedem erzählen konnte. Die Möglichkeit, dass ich für bescheuert gehalten wurde, war einfach zu groß. Bei Pater Domenik war mein Geheimnis gut behütet. Weiter berichtete ich ihm, dass man Paul für den Täter hielt und ich sehr verzweifelt über seine Verhaftung sei. Vor allen Dingen war es für ihn ja besonders schlimm. Schon zum zweiten Mal wegen einer Straftat, die er nicht begangen hatte, im Gefängnis zu sein. Seien wir mal ehrlich, da bleibt bei den Leuten immer was hängen, auch wenn man unschuldig war. Ganz nach dem Motto: In jedem Gerücht steckt auch ein kleiner Funke Wahrheit. Der Pater nahm meine Hand und versicherte mir, dass sich alles fügen würde. Er schenkte mir den Glauben, dass sich meine „Freunde" bestimmt auch um eine Aufklärung kümmern würden. Er blickte nach oben und danach schaute er mich an und zwinkerte mir mit einem Lächeln zu. Vermutlich hatte er Recht.

Meine Gesundheit war wieder völlig hergestellt und ich durfte wieder arbeiten gehen. Im Büro war natürlich große Aufregung um meine Geschichte gemacht worden. War ja auch klar. So viele dramatische Ereignisse und alles in nicht ganz einem Jahr. Das hörte sich schon sehr nach einem schlechten Drehbuch zu einem noch schlechteren Film an. Also durfte ich auch hier meine ganze Geschichte noch einmal erzählen und dann ging's endlich an die Arbeit. Ich war froh, so einen tollen Job zu haben. Wie schon in früheren Zeiten, lenkte mich die Bürotätigkeit von meinem wirklichen Leben ab und ich konnte zumindest für ein paar Stunden aus dem ganzen Mist raus. Wenn ich abends alleine zu Hause war, waren meine Gedanken bei Paul. Ich liebte ihn, dessen war ich mir ganz sicher. Ich durfte nicht zu ihm und er konnte auch nicht mit mir Kontakt aufnehmen. Die einzigen Botschaften, die wir uns zukommen lassen konnten, gingen über Frederik Ohlsen. Ich konnte dem ja schlecht sagen: „Sagen Sie ihm, dass ich ihn liebe". Das empfand ich dann doch als zu kitschig. Auf meiner Kommode stand die kleine Schatztruhe, in welcher mir Paul seinen Wohnungsschlüssel schenkte und ich dachte, er würde mir einen Heiratsantrag machen. Ich schaute den Gegenstand von allen Seiten an und plötzlich kam mir eine Idee. Ich setzte mich an meinen Schreibtisch und verfasste folgende Nachricht:

Mein lieber Paul,
in dieser Schatulle hast Du mir hochoffiziell den Eintritt in Dein Leben geschenkt. Ich möchte Dir heute mit dieser kleinen Schatztruhe mein Herz schenken und frage Dich: Willst Du mich heiraten?

Wir machen es wie damals, bei nein, tu einfach
so, als wenn Du meine Nachricht nie erhalten
hättest. Bei ja werde ich es bestimmt erfahren.
Ich liebe Dich! Sina - Zauberengel

Ich faltete das Geschriebene und legte es in die
Schatulle. Mir war klar, dass dieses Ding im
Knast untersucht werden würde und auch, dass
dieser Text vor Paul von mehreren Menschen
gelesen wurde. Egal, mir war wichtig, dass er es
bekommt und das er weiß, dass ich zu ihm halte
und wir diese Geschichte gemeinsam hinter uns
bringen würden. Ich fuhr in die Kanzlei von
Herrn Ohlsen und übergab seiner Sekretärin die
kleine Schatztruhe. Ich erklärte ihr die
Wichtigkeit dieser Botschaft und bat sie, dass
Herr Ohlsen heute noch ins Gefängnis fahren
müsste. Sie sollte mich unbedingt verständigen,
wenn er hin fuhr. Die Sekretärin war ganz außer
sich und versprach mir, Herrn Ohlsen meine
Botschaft direkt zu übergeben und sie
versicherte mir, dass er ganz bestimmt heute
noch zum Gefängnis fahren würde. Weiter
erklärte sie mir, dass hier sowieso alle von der
Unschuld von Herrn Meisenhard überzeugt
seien. Es war schon kurz vor 18.00 Uhr und
dies war eine Tatsache, die mich am Glauben
einer heutigen Übergabe hinderte. Dennoch
überkam mich ganz langsam eine Art innere
Ruhe. Ich brauchte Zeit. Zeit bis in alle
Ewigkeit, würde es mein Fusseltuch nennen.

Dieser Gedanke zauberte ein Lächeln in mein Gesicht.

Am späten Abend rief mich Leon an. Er berichtete mir, dass es ganz neue Erkenntnisse gegeben hätte. Die DNA der Hautreste unter den Fingernägeln der beiden letzten Opfer stimmten mit der von Dr. Berber überein. Die Kollegen seien schon auf dem Weg zu ihm, um ihn festzunehmen. War das mal eine gute Nachricht? Ich bedankte mich bei Leon für seine Unterstützung und auch dafür, dass er mir direkt Bescheid gegeben hatte.

Es war Wochenende und von Paul hatte ich noch keine Nachricht erhalten. Vielleicht hatte ich ihn überrumpelt mit meinem Heiratsantrag. Wie konnte ich mir sicher sein, dass er das auch wollte? Zweifel stiegen in mir hoch und ich war froh, dass ich den Satz formuliert hatte mit dem falls ja..., falls nein..... Das machte die Tür nicht ganz zu. Ich entschied mich, zu meinen Eltern zu fahren und auch einen Abstecher bei Bettina zu machen.

Bettina machte sich immer noch große Vorwürfe, dass sie damals zuerst nach Hause gebracht und ich danach überfallen wurde. Ich versicherte ihr zwar schon hundertmal, dass sie gar nichts dafür konnte, aber ich brachte diese Gedanken nicht aus ihr raus. Eine Freundin wie sie zu haben, war ein Geschenk. Das wurde mir im Laufe der Jahre immer bewusster. Sie gehörte zu meinem Leben und es freute mich, dass sie es genauso empfand. Wir unterhielten uns über ihre Schwangerschaft und die bevorstehende Geburt. Bettina zeigte mir das Zimmer der noch nicht geborenen kleinen SINA. Aus Bettinas Mund hörte sich alles so toll an. Sie konnte einem eine Schwangerschaft richtig schmackhaft machen, selbst mir als „Alte" setzte sie den Floh ins Ohr, eigene Kinder haben zu wollen. Mal sehen, was das Leben noch alles mit mir vorhatte. Ob Kinder auf meinem Plan standen, wollte mir mein „Engel" ja nicht verraten. Auf jeden Fall, konnte mir dieses Leben nichts mehr antun, was ich nicht schaffen würde zu durchleben. Dessen war ich mir inzwischen ziemlich sicher. Als wir im Garten saßen, beobachteten wir Lotta, wie sie versuchte, ihrem kleinen Hasen das Springen beizubringen. Bettina wollte gerade noch etwas erzählen, als sie plötzlich stockte, an mir vorbei schaute und meinte: „Sina, guck mal wer da kommt". Ich drehte mich um und sah Leon. Beim zweiten hinschauen entdeckte ich Paul hinter ihm. Ich sprang auf und ging ihnen entgegen. „Hallo, schau mal wen ich dir da mitgebracht habe", sagte Leon und freute sich über die gelungene Überraschung. Als Paul mich sah, rannte er los und ich ihm entgegen. Wir fielen uns in die Arme und wollten uns nicht mehr loslassen. Immer wieder sagte er „Meine Sina, meine liebe Sina". Mir schossen die Tränen aus den Augen – Freudentränen. Es fühlte sich an, als ob ein Zentnerklotz von mir fallen würde. Dann schaute er mich an, nahm mein Gesicht in seine Hände und sagte: „Was ich dir noch sagen wollte, JA ICH WILL! Danke, dass es dich gibt".

Bettina kam ebenfalls mit tränen gefüllten Augen auf uns zu und nahm uns beide ohne ein Wort zu sprechen, in den Arm.

Nachdem die erste Aufregung dann verflogen war, setzten wir uns an den Tisch. Paul ließ meine Hand nicht mehr los und ich genoss das Gefühl in seiner Nähe zu sein, sehr.

Leon begann zu berichten: „Also ich hatte dir doch erzählt, dass die DNA von diesem Berber mit der von den Hautfetzen, die bei beiden letzten Opfern gefunden wurde, übereinstimmte. Als die Kollegen zu ihm nach Hause fuhren, um ihn festzunehmen, hatte er diese schon empfangen. Er meinte, dass er froh sei, dass jetzt endlich alles ans Tageslicht käme und dass die Polizei ein verdammt doofer Haufen wäre. Stellt euch vor, Sina hatte mir doch erzählt, dass vor dem Sturz des Münsters schon sieben weitere Frauen getötet wurden. Jedes Mal gab es einen Täter, der sich anschließend während der U-Haft unter mysteriösen Umständen das Leben nahm. Alle Tötungsdelikte gingen auf Berbers Konto. Er war immer der behandelnde Psychologe. Wie er das hingekriegt hat, muss nun ermittelt werden. Um die vermeintlichen Täter mundtot zu machen, inszenierte er deren Selbstmord. Mit Abschiedsbrief und dem ganzen drum herum. Er kannte von jedem das Umfeld und konnte die Sache aus diesem Grund so echt wirken lassen. Auf ihn wäre man niemals gekommen, wenn Sina nicht diese wirren Geschichten erzählt hätte von ihren Erlebnissen während der Komaphase. Sie hatte ihn direkt beschuldigt und erst so konnte die Spur auf ihn gelenkt werden. Als Polizeipsychologe hat er natürlich Einblick in die Akten und erfuhr, dass Sina solche Beschuldigungen ausgesprochen hatte. Ferner wusste er, dass Paul inzwischen der Freund war. Somit dachte er sich, bringt er die Sina um und schiebt die Sache Paul in die Schuhe. Einmal hatte ihn die Polizei schon im Visier. Das wäre ein zu großer Zufall, dass jemand zweimal unschuldig in sowas verwickelt war. Somit hätte er Sina entsorgt und einen Täter, der später Selbstmord begehen würde, wäre auch wieder da. Für Berber eine saubere Sache. Er hat alle Taten gestanden und in seiner Wohnung fanden wir Notizen von allen Morden. Er hatte sich von jeder Tötung eine Akte angelegt. Bilder der Frauen, Angaben zu deren Familienverhältnissen und deren erfundenen Mördern. Von jeder Frau hat er eine Haarsträhne abgeschnitten und in die Akte gelegt – sehr gruselig anzusehen. Allerdings machte er bis jetzt noch keine Angaben zur Auswahl seiner Opfer. Ob es zufällige Begegnungen waren oder gezielt ausgesuchte Frauen, konnte bis jetzt nicht ermittelt werden. Was jedoch bei allen Fällen gleich war, war die Tatsache, dass man jedes Mal erst von einem Suizid ausging, später dann ein Mord ans Tageslicht kam und die Täter bzw. die vermuteten Täter immer aus dem näheren Umfeld der Frauen waren. Alle kamen in Berbers Obhut und wurden dann recht schnell zu den Akten gelegt. Keiner hatte mit so etwas rechnen können".

Wir saßen am Tisch und hörten gespannt den Schilderungen von Leon zu. Fassungslosigkeit machten sich neben Befreiung und Unglaube an die Menschheit breit. Ich war froh, dass nun alles geklärt war. Auch schon der vielen Familien wegen, die jahrelang damit leben mussten, dass ihre Söhne, Brüder, Väter, Freunde sich das Leben nahmen, weil sie eine furchtbare Straftat verbrachten. Wie musste es für diese Menschen erlösend sein, dass ihre Täter in Wirklichkeit Opfer waren. Klar, das brachte niemandem mehr das Leben zurück. Aber für die, die übrig blieben, war es leichter.

„Darf ich dich also wieder mit nach Hause nehmen?", fragte ich Paul. Er nickte und meinte: „Ja, lass uns nach Hause gehen".

Da meine Wohnung über zwei Zimmer mehr verfügte, als die von Paul, entschieden wir uns gemeinsam zu mir zu ziehen. Wir organisierten eine Wohnungsauflösung und schon nach kurzer Zeit war der Umzug realisiert. Es war schön, dass Paul bei mir und „Weißer Pfote" einzog.

13. Oktober 2007 – unser Hochzeitstag!
Wir heirateten im Garten meiner Eltern (wo sonst?). Im Pavillon wurde die Trauung abgehalten und meine Eltern ließen von einem Hochzeitsplaner mehrere Zelte im Garten aufstellen. Diese Firma organisierte auch das Catering und die Musik. Pater Domenik ließ es sich nicht nehmen, trotz meines Kirchenaustrittes, uns zu trauen. Dafür dankte ich ihm. Ich konnte eine Art Verbundenheit zwischen dem Priester und mir nicht verleugnen. Jede Frau hat ab dem Teenageralter bestimmte Vorstellungen, wie wohl ihre eigene Hochzeit einmal sein würde. Diese hier übertraf meine Vorstellungskraft und machte mich einfach nur glücklich. Es war ein kleines aber sehr schönes Fest. Mein Brautkleid war schlicht, gerade geschnitten, in einem leichten Cremeton. Meine Mutter hatte liebevoll kleine

Margariten darauf gestickt. Auf einen Schleier verzichtete ich. Meine Haare waren in vielen kleinen Locken zusammen gesteckt und auch hier konnte man prima ein paar kleine Margariten verstecken. Paul trug einen dunkelbraunen Anzug. Er sah toll aus. Mein Herz machte Sprünge und ich liebte die Augenblicke, in denen er mir tief in die Augen sah. Ich spürte eine tiefe Zuneigung und Verbundenheit zu diesem Mann.

Gegen acht Uhr eröffneten Paul und ich den Tanz. Die Band war klasse und passte sich unseren Gästen an. Als ich mit Leon tanzte meinte der: „Stell dir vor, Berber hat sich in seiner Zelle erhängt. Der wollte sich dem Richter dann doch nicht stellen, nach allem was er getan hat". Ich jedoch wusste, dass er nun vor einem viel schlimmeren Richter stand. Hatte mir doch mein Engel erklärt, dass es dort wo wir hinkommen nur sehr schön ist, wenn uns ein Fusseltuch abholt. Wenn wir uns umbringen, ist eine andere Abteilung zuständig. Und nach dem was Berber hier auf der Erde alles angestellt hatte, wollte ich besser nicht wissen, wer für ihn zuständig war. Wieder einmal bestätigte sich, dass alles so kommt, wie es kommen sollte.

Paul und ich tanzten bis in den Morgen. „Sina, ich bin der glücklichste Mann auf diesem Planeten", sagte er und küsste mich.

Am nächsten Morgen ging ich in den Garten meiner Eltern. Im hinteren Teil stand noch immer meine Schaukel, die mir mein Vater baute, als wir hier her gezogen waren. Er restaurierte sie jedes Jahr von neuem. Es konnte ja sein, dass seine Tochter einmal im Jahr schaukeln wollte und da musste das Ding schließlich funktionieren. Das weckte zu jeder Zeit meine Freude. Mein Paps war der Beste! Bettina wurde am frühen Morgen in die Klinik gebracht, weil die kleine Sina nun endlich auf die Welt kommen wollte. Ich schaukelte und schaute in den blauen Himmel. Ich erkannte eine kleine weiße Wolke und man könnte meinen, dass hinter der Wolke mein Fusseltuch durchblinzelte und mir zuwinkte. Ich lächelte und winkte zurück. Ein schöner Gedanke, wenn da tatsächlich jemand war, der mich beschützen wollte.

Einmal im Leben ein Engel sein. Über der Erde schweben. In fremde Leute Häuser schauen. Einen völlig neuen Blickwinkel des Lebens entdecken. Das waren meine Gedanken die mich durch den sonnigen Tag trugen........

Ende

Die Autorin:

Brigitte Wenzel wurde am 14. Juli 1968 in Pforzheim geboren. Im Jahr 2002 entdeckte die gelernte Bürokauffrau ihre Leidenschaft für die Schriftstellerei.

Bisherige Veröffentlichungen:
Alarm im Hühnerstall Teil 1
ISBN-Nr. 3-00-016025-6
Alarm im Hühnerstall Teil 2
ISBN-Nr. 3-00-017309-9
Alarm im Hühnerstall Teil 3
ISBN-Nr. 3-938719-89-3
Tagebuch Nr. 13
ISBN-Nr. 3-938719-30-7

Gemeinsam mit dem Autorenverein Federleicht veröffentlichte sie die „Federleicht-Anthologie".

www.brigittewenzel.eu